A CIÊNCIA DAS CONEXÕES SINGULARES

A CIÊNCIA DAS CONEXÕES SINGULARES

Vittorio Morfino

Tradução
Diego Lanciote

CONTRACORRENTE

Copyright © EDITORA CONTRACORRENTE
Alameda Itu, 852 | 1º andar |
CEP 01421 002
www.loja-editoracontrarrente.com.br
contato@editoracontrarrente.com.br

EDITORES
Camila Almeida Janela Valim
Gustavo Marinho de Carvalho
Rafael Valim

EQUIPE EDITORIAL
TRADUÇÃO: Diego Lanciote
COORDENAÇÃO DE PROJETO: Juliana Daglio
REVISÃO: Samia Souen e Karine Ribeiro
REVISÃO TÉCNICA: Lisliane Pereira
DIAGRAMAÇÃO: Fernando Dias
CAPA: Maikon Nery

EQUIPE DE APOIO
Fabiana Celli
Carla Vasconcelos
Fernando Pereira
Lais do Vale

```
     Dados Internacionais de Catalogação na Publicação (CIP)
            (Câmara Brasileira do Livro, SP, Brasil)

    Morfino, Vittorio
       A ciência das conexões singulares / Vittorio
    Morfino ; tradução Diego Lanciote. -- 1. ed. -- São
    Paulo : Editora Contracorrente, 2021.

       Título original: The science of singular
    connections
       Bibliografia
       ISBN 978-65-88470-48-0

       1. Filosofia espinosana I. Lanciote, Diego. II.
    Título.

    21-65581                                      CDD-100
```

Índices para catálogo sistemático:

1. Filosofia 100

Aline Graziele Benitez - Bibliotecária - CRB-1/3129

@editoracontracorrente
Editora Contracorrente
@ContraEditora

SUMÁRIO

PREFÁCIO 7

INTRODUÇÃO 9

ABREVIAÇÕES 13

CAPÍTULO I – A CIÊNCIA DAS *CONNEXIONES* SINGULARES 15

    1. Os três gêneros de conhecimento 17

    2. O modelo de causalidade 25

    3. O primado da relação 36

    4. As paixões como relações 41

    5. O primado do encontro sobre a forma 45

    6. O policronismo 52

    7. A eternidade do povo hebraico 58

CAPÍTULO II – ONTOLOGIA DA RELAÇÃO E MATERIALISMO DA CONTINGÊNCIA: AS PAIXÕES COMO RELAÇÕES EM SPINOZA 61

    1. A expressão "ontologia da relação" 63

    2. A categoria de relação: determinação intrínseca ou extrínseca 66

    3. A categoria de substância como relação 70
    4. Realidade das relações e primado das relações: uma posição idealista? 77
    5. Spinoza: uma ontologia da relação? 80
    6. As paixões como relações 86
    7. Relação: constitutividade ou *ens rationis* 91
    8. Contingência da relação 96

CAPÍTULO III – "O MUNDO AO ACASO": SOBRE LUCRÉCIO E SPINOZA 101

    1. A corrente subterrânea do materialismo do encontro 101
    2. Da parte de Lucrécio 103
    3. Contra o finalismo 106
    4. Os *foedera naturae* 108
    5. A alma e o corpo 110
    6. O mundo ao acaso 111
    7. O Acaso e a Fortuna 115
    8. O primado do encontro sobre a forma 118

CAPÍTULO IV – ENTRE LUCRÉCIO E SPINOZA: A "FILOSOFIA" DE MAQUIAVEL 129

    1. As cartas de Descartes sobre O Príncipe 131
    2. A interpretação hegeliana de Maquiavel 137
    3. Lucrécio e Maquiavel 147
    4. Os *foedera naturae* 147
    5. A contingência de toda forma 152
    6. A temporalidade plural 155
    7. Agostinho, Aristóteles e Maquiavel 159
    8. Spinoza: Tempo, Duração, Contingência 170
    9. Spinoza intérprete de Maquiavel 178

REFERÊNCIAS BIBLIOGRÁFICAS 187

PREFÁCIO

Desde Aristóteles, sabemos que o acaso não é ausência de causa e sim o cruzamento de duas ou mais causalidades alterando a finalidade de cada uma delas. Em outras palavras, o acaso se refere à realização de uma finalidade inesperada que não estava presente na causa inicial do acontecimento – a teleologia perdida é o núcleo de *tyché*.

Ora, que dirá Lucrécio (na sequência de Epicuro)? Que o acaso nada tem a ver com a causa final e sim com o *concursus*, o encontro, que pode ou não entrelaçar coisas que, em si mesmas, não estavam relacionadas, que o entrelaço pode "pegar" ou não, e que o enlace que "pega" pode perdurar ou não. Passar do *telos* ao *concursus*: eis a ruptura gigantesca trazida pelo *De rerum natura,* ruptura que se exprimirá politicamente com a fortuna maquiaveliana como *occasione*.

Do encontro de Vittorio Morfino com Louis Althusser nasce o encontro de Spinosa com Lucrécio e com Maquiavel, isto é, uma nova e inesperada interpretação da filosofia espinosana, na qual a ideia de *connexio* determina o surgimento de uma ontologia da relação.

Para essa mudança de perspectiva, Morfino examina a diferença entre o *Tractatus de Intellectus Emendatione* e a *Ethica*, quando Espinosa passa de uma teoria da causalidade como sequência linear ou série em favor da compreensão da ordem e conexão dos seres ou do entrelaçamento que constitui o tecido da realidade.

Essa interpretação inovadora abre um percurso no qual será preciso: em primeiro lugar, repensar o conceito de substância para além do quadro da metafísica aristotélica, escolástica, cartesiana e leibniziana bem como das tentativas de Kant e Hegel de maneira a chegar ao que Vittorio denomina o primado da relação sobre a forma; em segundo, repensar o conceito de necessidade, assumindo uma nova concepção da contingência ou do aleatório, que só em aparência teriam sido afastados por Espinosa; em terceiro, repensar a ideia de individualidade como pluralidade estrutural das relações complexas interna e externas, portanto, como processo, encontro, conexão e transitividade, ultrapassando o *De emendatione*, isto é, o conceito do interior como *essentia intima* e do exterior como *circunstantia,* quando a *Ethica* introduz o conceito da *potentia* como relação regulada por um exterior e um interior que se constituem na própria relação; em quarto lugar, mostrar como essas ideias incidem diretamente na compreensão espinosana da história (no *Tratado Teológico-Político*), da afetividade (na *Ética*), da temporalidade plural e do acontecimento (no *Tratado Político*).

Trabalho histórico de firme e segura erudição, indo de Aristóteles e Lucrécio a Descartes, Leibniz, Kant, Hegel e Feuerbach, examinando interpretações correntes do espinosismo, como as de Kojève e Bloch, este livro é uma das mais importantes contribuições para o conhecimento da filosofia de Espinosa. Tê-lo agora traduzido para o português e publicado no Brasil num momento muito sombrio é ocasião de alegria. Vindo de um amigo como Vittorio, é, para nós, um feliz encontro.

Marilena Chaui
São Paulo, setembro de 2020.

INTRODUÇÃO

Em novembro de 2004, Marilena Chaui convidou-me à Universidade de São Paulo a fim de que eu ministrasse um seminário de uma semana no interior do grupo Spinoza. O encontro fora intenso tanto do ponto de vista intelectual quanto do afetivo; estreitei relações de amizade que o passar dos anos apenas reforçou. Nos cinco dias do seminário, três horas por dia, expus as teses interpretativas que tinham orientado – e até hoje orientam – a minha leitura de Spinoza, trazendo daquelas discussões importantes sugestões para uma reelaboração e indicações para um trabalho ulterior.

Nas pesquisas que haviam precedido esse seminário, em particular na tese de doutorado sobre o encontro Spinoza-Maquiavel, tinha elaborado a hipótese interpretativa segundo a qual o encontro de Spinoza com o pensamento de Maquiavel, no contexto dos estudos histórico-políticos feitos em vista da composição do *Tratado Teológico-Político*, tinha produzido uma redefinição sobre seu conceito de causalidade: para dizê-lo muito sinteticamente, de um modelo de causalidade serial a um modelo de causalidade comandado pelo conceito de *connexio*.

No primeiro texto, ponho em relação este modelo de causalidade com a questão dos três gêneros de conhecimento, seguindo a hipótese que havia me sugerido Balibar, a partir da qual as outras causas, além da matemática, capazes de romper com o preconceito finalístico, do qual fala Spinoza no Apêndice da Primeira Parte da *Ethica*, possam ser uma forma de racionalidade política inspirada em Maquiavel, forma de racionalidade que produz uma torção histórico-política do modelo de causalidade (do segundo gênero) e que põe como objeto do terceiro gênero as *connexiones singulares*, no exemplo do *Tratado Teológico-Político*, a história do povo hebraico. Das questões soerguidas no primeiro texto, ramificam-se aquelas desenvolvidas nos demais: é, de fato, a fim de precisar o modelo de causalidade pela *connexio* que enfrentei as questões do *primado da relação sobre a substância*, do *primado do encontro sobre a forma* e da *temporalidade plural*.[1]

Como dizia, as discussões daqueles dias influenciaram a minha pesquisa subsequente. Contudo, aquelas discussões não foram apenas o formidável começo de um percurso: a amizade que me ligou a Marilena e ao seu grupo levou-me no curso dos anos a retornar muitas vezes a São Paulo para aulas, colóquios e participações em defesas de tese de doutorado. Não só isso. As relações com o grupo de Marilena levaram-me, ademais, a estreitar relações com o grupo spinozista de Córdoba e, em seguida, com o grupo althusseriano de Buenos Aires e Santiago. Em suma, Marilena literalmente abriu-me as portas de um continente que eu tinha começado a amar um ano antes de tudo isso, quando fora ao colóquio CEMARX de Campinas. Os trabalhos que publiquei desde então trazem todos o sinal profundo desse diálogo e, ainda que o polo de meus interesses tenha se deslocado de Spinoza para Marx e para o marxismo, na realidade, as questões que enfrentara naquele seminário de 2004 estão ainda no centro de minhas pesquisas, embora desenvolvidas através de novos confrontos teóricos.

Todavia, o encontro com o grupo spinozista de Marilena não pode se restringir ao âmbito acadêmico. Julho de 2001 marcara para Itália e para Europa uma passagem de fase decisiva, as violências da polícia nas jornadas de Gênova tinham posto um brutal freio às

---

1 Nesse sentido, o leitor encontrará algumas repetições que decidi não remover justamente por faltar o sentido e o lugar teórico destas ramificações. O primeiro texto acena para algumas questões a propósito do primado da relação sobre a substância, do *primado da contingência sobre a forma e da temporalidade plural* que serão desenvolvidas com amplitude nos textos sucessivos.

INTRODUÇÃO

esperanças do dito "povo de Seattle", os efeitos do atentado de 11 de Setembro e a instauração de um regime policialesco global haviam feito o restante. Nesse quadro desolador, a que se pode acrescentar que, em novembro de 2004, o presidente do conselho italiano era Berlusconi (e ainda continuaria sendo-o por dois anos e, em seguida, novamente), meu encontro com o Brasil foi o encontro com uma experiência política extraordinária, aquela da presidência de Lula. É difícil mensurar a que ponto fora fundamental para meu percurso teórico esse encontro, que me abriu outros tantos, daquele com a Argentina dos Kirchner àquele com a Bolívia de Morales e Garcia Linera, mas fundamentalmente com a história e a experiência política de todo o continente latino-americano. Certa vez disse a Marilena que me sinto um membro ultramar do departamento de filosofia da USP, invertendo de sinal a expressão de Arantes. E isso não só pelas ligações de amizade que aí me vinculam, mas pela estupefata experiência de pensamento que estes vínculos produziram: o projeto que há alguns anos levo adiante sobre a questão da *temporalidade plural* na tradição marxista não teria sido nem ao menos concebível no interno de uma prospectiva eurocêntrica. É precisamente o fato de ter-me encontrado no pensar entre a Europa e a América Latina que me abriu a via de uma pesquisa capaz de problematizar o olhar da tradição marxista, varrendo-a, por assim dizer, a contrapelo.

Todavia, dessa experiência há uma implicação política mais imediata. O Brasil da presidência de Luiz Inácio Lula da Silva fora não só um material para o pensamento, mas uma potente injeção de entusiasmo político, um respiro para quem, como eu, se encontrava na Itália defronte a um governo Berlusconi, do qual faziam parte forças racistas e neofascistas. Por essa razão, a grande ofensiva neoliberal que transtornou o inteiro continente latino-americano e, no Brasil, levou ao encarceramento de Lula na prisão de Curitiba e à eleição de Bolsonaro para presidente do Brasil, constitui uma ferida aberta para todos aqueles que respiraram aqueles ares, aquele entusiasmo, aquela esperança. Uma ferida aberta sobre a qual vem disseminado o sal do fascismo, do racismo, da homofobia, do sexismo, do anti-ecologismo e de um anti-comunismo tão visceral que devém caricatural. Por isso, o grito "Lula livre!" significa muito mais que a liberação de um homem, significa "Brasil livre!", através de uma luta por aqueles valores que Bolsonaro representa como um negativo fotográfico.

Milão, Outubro de 2019.

ABREVIAÇÕES

Spinoza B.:

Gebhardt, C. (ed.) *Opera* (*G* vol. : pág.)

Opera Posthuma (*OP* : pág.)

Ep. = *Epistola*

TP = *Tractatus Politicus*

TTP = *Tractatus Theologico-Politicus*

CM = *Cogitata Metaphysica*

KV = *Korte Verhandeling*

TIE = *Tractatus De Intellectus Emendatione.*

Ethica:

E = *Ethica*, seguida de algarismos referindo-se às Partes [*Pars*]

P = *Propositio*

A = *Axioma*

Def. = *Definitio*

S = Scholium

C = Corollarium

L = *Lemma*

Def.Aff. = *Affectuum Definitiones*

Praef. = *Praefatio*

App. = *Appendix*

DNC = *De Natura Corporum* (Referência ao intervalo escritural entre as EIIP13 e EIIP14)

Descartes, R.:

Adam, C. & Tannery, P. (ed.) *ŒUVRES DE DESCARTES*. (*AT* VOL. : PÁG.)

Titus Lucretius Carus:

De Rerum Natura

(*DRN*, canto, verso(s))

CAPÍTULO I
A CIÊNCIA DAS *CONNEXIONES* SINGULARES

> Ao anoitecer, torno-me à casa, e entro em meu escritório; e à porta dispo-me daquela veste cotidiana, repleta de lama e lodo, e meto-me tecidos reais e curiais; e revestido decorosamente entro na antiga corte dos antigos homens, onde, por eles amavelmente recebido, nutro-me daquela comida, que é só minha e que eu para ela nasci; onde eu não me envergonho de falar com eles, e perguntar-lhes sobre a razão de suas ações; e eles, pelo seu cultivo, respondem-me; e não sinto por 4 horas nenhum aborrecimento, olvido toda fatiga, não temo a pobreza, não me espanto com a morte: inteiro neles me transfiro.[2]
>
> *Maquiavel a Vettori, 10 de dezembro de 1513.*

Se eu tivesse que resumir em poucas palavras as teses fundamentais deste ensaio, diria que a hipótese interpretativa da qual se originou é a tentativa de conferir um sentido a duas passagens de Althusser sobre Spinoza. Método que reconduz a uma forma de hermenêutica religiosa,

---

[2] N.T.: Quase a totalidade das citações foram traduzidas de suas línguas originais. Quanto às exceções, são referenciadas as devidas versões em língua portuguesa.

interpretar o texto de Althusser pressupondo que em seu mistério esteja escondida uma verdade. Vejamos as duas passagens:

> (...) os célebres "três gêneros", que aliás são bem estranhos observando-os um pouco mais de perto, visto que o primeiro é propriamente o mundo vivido e o último é feito satisfatoriamente para pensar "a essência singular", Hegel diria em sua linguagem "o universal concreto", do povo judeu, o qual é hereticamente a questão no *Tratado Teológico-Político*.[3]

> O que é visado pelo sincrônico não tem nada a ver com a presença *temporal* do objeto como *objeto real*, mas concerne, ao contrário, a um outro tipo de presença e à presença de um *outro objeto*: não a presença temporal do objeto concreto, não o tempo histórico da presença histórica do objeto histórico, mas a presença (ou o "tempo") *do objeto de conhecimento da análise teórica ela mesma*, a presença *do conhecimento*. O sincrônico não é senão *a concepção* de relações específicas existindo entre os diferentes elementos e as diferentes estruturas do todo, é *o conhecimento* das relações de dependência e de articulação que fazem dele um todo orgânico, um sistema. *O sincrônico, ele é a eternidade no sentido spinozista*, ou conhecimento adequado de um objeto complexo pelo conhecimento adequado de sua complexidade.[4]

A força e o limite da interpretação são exibidos *d'emblée*: trata-se de construir um Spinoza que esteja à altura destas passagens de Althusser, um Spinoza que as torne inteligíveis. Em troca desse golpe de força teremos talvez a inteligibilidade de um dos aspectos mais obscuros do pensamento de Spinoza: a teoria do terceiro gênero e da eternidade.

---

[3] ALTHUSSER, Louis. "Est-il simple d'être marxiste en philosophie?". In: *Revue du rationalisme moderne - arts - sciences – philosophie,* Paris: Éditions Sociales, n. 183, 1975, p. 19.

[4] ALTHUSSER, Louis. *et alii, Lire le Capital.* Paris: P.U.F., 1996, p. 294.

CAPÍTULO I - A CIÊNCIA DAS *CONNEXIONES* SINGULARES

1. Os três gêneros de conhecimento

Uma interpretação do terceiro gênero de conhecimento na teoria de Spinoza não poderia iniciar sem a leitura do célebre escólio da proposição 40 da Segunda Parte da *Ethica*. Nele Spinoza define os três gêneros de conhecimento, ou seja, a imaginação, a razão e a ciência intuitiva:

> Através de todas [as coisas] ditas acima aparece claramente que nós percebemos muitas [coisas] & que formamos noções universais: I. Através de singulares, representados para nós pelos sentidos mutilada, confusamente e sem ordem para o intelecto (…) &, por isto, costumei chamar tais percepções de conhecimento pela vaga experiência. II. Através de signos, por exemplo, através disto: ouvidas ou lidas quaisquer palavras recordamo-nos das coisas & delas formamos quaisquer ideias semelhantes a elas, pelas quais imaginamos as coisas (…). Chamarei doravante este ou aquele modo de contemplar as coisas de conhecimento de primeiro gênero, opinião ou imaginação. III. Por fim, através disto: que temos noções comuns, ideias adequadas das propriedades das coisas (…); e este chamarei de razão & conhecimento de segundo gênero. Além destes dois gêneros de conhecimento dá-se (…) outro terceiro, que chamaremos de ciência intuitiva. E este gênero de conhecimento procede da ideia adequada da essência formal de quaisquer atributos de Deus para o conhecimento da essência das coisas.[5]

Na parte final da nota, Spinoza fornece um único exemplo de um conhecimento através dos três gêneros, o exemplo do quarto número proporcional:

---

[5] N.T.: Os neutros plurais latinos, *e.g.*, "omnia", traduzido costumeiramente como "todas as coisas" sempre terão "coisas" ou "as coisas" entre colchetes a fim de que não se os confunda com a presença de *res* ["coisa"] no original.

> Explicarei todas essas [coisas] com o exemplo de uma única coisa. Três números, por exemplo, são dados, para obter-se um quarto, o qual seja para o terceiro o que o segundo é para o primeiro. Os mercadores não duvidam ao multiplicar o segundo pelo terceiro e a dividir o produto pelo primeiro; pois, evidentemente, essas coisas, as quais tinham ouvido do professor sem demonstração alguma, ainda não entregaram ao esquecimento, ou porque experimentaram frequentemente isso com números simplíssimos ou através da força da Demonstração da Proposição 19 do Livro 7 de Euclides, justamente pela propriedade comum dos proporcionais. Todavia, nada disso é preciso com números simplíssimos. Por exemplo, dados os números 1, 2, 3 ninguém não vê que o quarto número proporcional é 6 e isto muito mais claramente, pois através da própria proporção [ratio], a qual por uma única intuição vemos o primeiro ter com o segundo, concluímos o próprio quarto.[6]

O exemplo fala de um aspecto fundamental da teoria dos três gêneros, isto é, que eles são o conhecimento não de realidades ontologicamente diferentes, mas sim de uma mesma realidade vista de modos diferentes. E, todavia, isso constitui um nó problemático de

---

[6] EIIP40S2. Para os comentários a este escólio, cf.: ROBINSON, Lewis. *Kommentar zu Spinozas "Ethik"*, Erster Band (Einleitung, Kommentar zum ersten und zum zweiten Teil der *Ethik*). Leipzig: Meiner, 1928, pp. 350-5; GUEROULT, M. *Spinoza, II: L'âme*. Paris: Aubier, 1997, pp. 381-6. Para uma análise detalhada do exemplo spinozano, cf.: MATHERON, Alexandre. "Spinoza and Euclidean aritmetic. The example of the fourth proportional" *In*: GREENE, M.; NAILS, D. (Coord.), *Spinoza and the Sciences*. Dordrecht-Boston-Lancaster-Tokio: Reidel Publishing Company, 1986, pp. 125-50. Para uma precisa reconstrução das diferenças entre os gêneros de conhecimento no *TIE*, no *KV* e na *Ethica*, cf.: GUEROULT, Michael. "La classification des genres de connaissance dans les Traités antérieurs à l'Éthique" *Spinoza II – l'âme, op. cit.*, pp. 593-608. Sobre a diferença entre o *TIE* e a *Ethica*, cf.: MATHERON, Alexandre. "Les modes de connaissance du "Traité de la Réforme de l'Entendement" et les genres de connaissance de l'"Éthique"". *In*: BOUVERESSE, R. (Coord.), *Spinoza. Science et religion*. Paris: Vrin, 1988, pp. 97-108. Sobre a possível confusão entre o conhecimento de terceiro gênero e de primeiro induzida pelo exemplo de Spinoza, cf.: MACHEREY, Pierre. *Introduction à l'"Éthique" de Spinoza. La seconde partie: la réalité mentale*, Paris, P.U.F., 1997, p. 322.

CAPÍTULO I - A CIÊNCIA DAS *CONNEXIONES* SINGULARES

solução nada fácil e particularmente no que diz respeito ao terceiro gênero: de um lado, no escólio segue-se a sua definição, propondo-se como seu exemplo paradigmático; mas, de outro, ele jamais é explicado. Spinoza escreve, de fato, que este conhecimento *procedit ab adaequata idea essentiae formalis quorundam Dei attributorum ad adaequatam cognitionem essentiae rerum*:[7] [8] daí a dedução (*concludimus*) do quarto número dos três primeiros poria em jogo a *essentia formalis* de um atributo e o processo (*procedit*) desta à essência das coisas singulares? O *unus intuitus* [uma intuição] antes parece ser o efeito da experiência ou da práxis, isto é, do hábito depositado no olhar da memória através de casos semelhantes: da memória, pois, de um gênero de conhecimento inadequado.

Noutro aspecto ainda, o exemplo escolhido por Spinoza é problemático por outras duas razões essenciais. Em primeiro lugar, o objeto que se mostra, segundo diferentes modalidades cognitivas, é o número. Mas a aritmética, a ciência das propriedades dos números, não pode proceder do conhecimento de um atributo de Deus, justamente pelo fato de que os números são o efeito imaginário da separação das afecções da substância da própria substância. Na famosa carta sobre o infinito, Spinoza já o havia explicado com extrema clareza:

> (...) porque separamos as Afecções da Substância da Substância, & reduzimos [*redigimus*], até onde pode delas se fazer, a classes [*ad classes*], para facilmente as imaginarmos, origina-se o Número, pelo qual as determinamos.[9]

---

[7] N.T.: Em notas sempre se seguirão as traduções de termos e sentenças citados pelo autor em suas línguas originais. Expressões latinas sucintas, entretanto, constarão suas traduções entre colchetes no corpo do texto. Expressões técnicas da filosofia não serão traduzidas, assim como algumas mais correntes e típicas de Spinoza.

[8] N.T.: "procede da ideia adequada da essência formal de cada atributo de Deus ao conhecimento adequado da essência das coisas".

[9] Spinoza a Meyer, 20 de abril de 1663 (G IV : 57).

Da mesma maneira, a geometria, a ciência das propriedades das figuras, não procede da totalidade do espaço (do atributo *res extensa*) à essência das figuras singulares: a figura deriva, de fato, da negação de todo o espaço que ela não é, *determinatio est negatio* [*determinação é negação*]. Na Carta 50 a Jelles, Spinoza escreve:

> Quanto a isso, que a figura é negação e não, de fato, algo de positivo, é manifesto que a inteira matéria [*integra materia*], indefinidamente [*indefinite*] considerada, não pode ter nenhuma figura, ela somente obtém a figura nos finitos e o lugar nos corpos determinados. Quem, com efeito, diz que percebe uma figura, não indica que concebe nada a não ser uma coisa determinada e como ela se faz determinada. Logo, essa determinação não pertence à coisa justaposta pelo seu ser, mas, pelo contrário, pelo seu não-ser. Portanto, porque a figura não é senão determinação, e a determinação é negação, ela não poderá ser, como dizem, senão negação.[10]

Assim, tanto os objetos da aritmética quanto os da geometria não podem constituir senão exemplos imperfeitos de ciência intuitiva, justamente pelo fato de que são abstrações da totalidade ou, em termos spinozanos, *auxilia imaginationis* [*auxílios da imaginação*].

A segunda razão é que os objetos matemáticos são objetos universais e, por isto, o discurso spinozano encontrar-se-á num *impasse* justamente no momento preciso em que deverá mostrar a diferença entre o segundo gênero de conhecimento e o terceiro no que diz respeito à modalidade cognitiva de tais objetos. Com efeito, a essência e as propriedades da figura são a figura mesma e, portanto, é difícil entender como os objetos matemáticos poderiam ser observados através do terceiro gênero de conhecimento; de fato, não haveria aí nenhuma

---

[10] Epístola: *Spinoza a Jelles*, 2 de junho de 1674 (G IV : 240). [SPINOZA, B. *Epístolas*. Trad. Diego Lanciote. Modernos & Contemporâneos: International Journal of Philosophy, vol. 2, n. 4, 13 mar. 2019.]

CAPÍTULO I - A CIÊNCIA DAS *CONNEXIONES* SINGULARES

distância entre leis gerais e objeto singular: "Entidades matemáticas *não* são precisamente entidades físicas reais, elas *são* propriedades comuns".[11]

Se o único exemplo de ciência intuitiva diz respeito a um objeto que não pode ser deduzido da essência formal de um atributo nem possuir uma essência individual, somos obrigados a formular conjecturas sobre quais objetos podem ser conhecidos através do terceiro gênero. Nesta prospectiva, parece de extremo interesse uma passagem do Apêndice da Primeira Parte da *Ethica* sobre a relação entre o primeiro gênero de conhecimento e o segundo. O contexto é o de análise do preconceito finalístico como consequência espontânea da combinação de dois elementos, a opacidade do imediato e a tendência à busca do útil; desta combinação segue-se que o homem imagina-se como livre centro do mundo numa natureza que, em analogia com os meios que ele constrói para alcançar o seu útil, lhe aparece feita para ele pela divindade benigna que ele honra a fim de que ela o tenha por predileto:

> Mas – escreve Spinoza – enquanto quiseram mostrar que a natureza em nada age em vão (isto é, que não seja para uso dos homens), nada parecem ter mostrado senão que a natureza, os Deuses e os homens igualmente deliram. (...) Entre tantas [coisas] cômodas [*commoda*] da natureza, não poucas deverão achar incômodas [*incommoda*], evidentemente, as tempestades, os terremotos, as enfermidades *&c.* e estatuíram que estas [coisas] vieram porque os Deuses estavam irados por injúrias, para si feitas pelos homens, ou pelos pecados cometidos em seu culto; & embora a experiência no passar dos dias tivesse reclamado, e tivesse mostrado com infinitos exemplos, que os cômodos e os incômodos vinham igual e promiscuamente aos pios e aos ímpios, nem por isto destituíram-se do inveterado prejuízo: com efeito, mais facilmente lhes foi pôr isto entre outras [coisas] incógnitas, cujo uso ignoravam, & assim reterem seu presente & inato estado de

---

[11] MATHERON, Alexandre. "Mathematical entities are precisely not real physical entities; they are common properties". *In:* GREENE, M.; NAILS, D. (Coord.), *Spinoza and the Sciences*. Dordrecht-Boston-Lancaster-Tokio: Reidel Publishing Company, 1986, p. 147.

ignorância, do que destruírem toda aquela fábrica [*tota illa fabrica*] & excogitarem uma nova. Por aí, tinham estatuído por certo que os juízos dos Deuses superam de muitíssimo longe os da cabeça dos humanos: o que sanamente teria sido a única causa para a verdade ter se escondido do gênero humano no eterno, *se a Matemática, que não versa acerca dos fins, mas somente acerca das essências & propriedades das figuras [figurarum essentia et proprietates], não tivesse mostrado outra norma de verdade aos homens & além da Matemática também outras causas que podem ser assinaladas [& praeter Mathesin aliae etiam adsignari possunt causae] (as quais aqui é supérfluo enumerar), pelas quais pode fazer-se que os homens tivessem sido advertidos sobre estes prejuízos comuns & tivessem sido conduzidos ao verdadeiro conhecimento das coisas.*[12]

O preconceito finalístico, para resistir à prova da experiência, é obrigado a transformar-se e a elaborar um horizonte de leis morais, cuja violação por parte dos homens seria a causa dos desastres naturais: o deus pai, amável e prestimoso torna-se o deus juiz, severo e irrepreensível. Logo que, contudo, os *commoda* e os *incommoda* incidem por acaso e golpeiam indistintamente os homens virtuosos e os ímpios, o preconceito finalístico é constrangido, para poder perpetuar-se, a refugiar-se na ininteligibilidade dos planos da providência divina. Esse horizonte, ao mesmo tempo cognitivo e emotivo, que gera uma justificação dos eventos como sentenças pronunciadas por uma vontade divina impenetrável ao intelecto humano, teria podido revelar-se o único possível; mas a matemática, enquanto conhecimento *non circa fines, sed tantum circa figurarum essentias, & proprietates*[13], demonstra, com a sua existência factual, a possibilidade de desenvolver uma dinâmica diferente que não deriva inteiramente da primeira, mas que, ao contrário, despedaça sua força, pondo uma nova *norma veritatis* [*norma de verdade*] a partir da qual é possível produzir um *outro* discurso sobre a realidade. Devemos, entretanto, evitar uma interpretação positivista desse trecho: de fato, nem

---

12 EIApp. (G II: 79-80).

13 N.T.: "não acerca dos fins, mas somente acerca das essências & propriedades das figuras".

CAPÍTULO I – A CIÊNCIA DAS *CONNEXIONES* SINGULARES

a passagem da superstição à ciência segue uma necessária lei evolutiva, nem a matemática conquista uma hegemonia no modo de pensar de todo o gênero humano, permanecendo, ao contrário, como sublinha a emenda dos *Nagelate Schriften*, um domínio para poucos. A matemática é, portanto, um evento singular entre outros, mesmo que seja portadora de uma *norma veritatis* universal: é o fato da existência de Euclides (da matemática grega) que tornou possível a abertura de um novo caminho que conduz ao verdadeiro conhecimento das coisas, fato cuja aleatoriedade é sublinhada pelo uso spinozano da expressão *fieri potuit* [*pôde acontecer*], que nos indica uma necessidade produzida pela irrupção de uma contingência ("pode acontecer" e não: "deve acontecer", isto é, "seria devido, antes ou depois, acontecer").

Frequentemente os críticos sublinharam a importância desta passagem: a *Mathesis* como verdade contraposta ao preconceito, a razão contraposta à imaginação. Aquilo que passou inobservado, e que primeiramente Étienne Balibar sublinhou, é a expressão *& praeter Mathesin aliae etiam adsignari possunt causae*; segundo Spinoza, há outras causas que constituem o segundo gênero de conhecimento e que, com as suas forças, contribuem a despedaçar a *selva obscura* da superstição: todavia, ele considera que não deve enumerá-las ("*quas hic enumerare supervacaneum est*"). Thomas Hobbes, na *Epístola dedicatória* ao *De cive*, propôs uma subdivisão da filosofia nestes termos:

> Mas tantos são os gêneros de coisas, pelos quais a Razão humana tem lugar, por quantos ramos difunde-se a Filosofia, diversamente nomeados, contudo, pela diversidade dos assuntos [*subjectae*] sobre a matéria. Pois aquela tratando das figuras, Geometria; dos movimentos, Física; do direito natural, diz-se Moral, e tudo é Filosofia: assim como o mar deve ser chamado pelos singulares litorais, o que aqui é Britânico, ali Atlântico, alhures Índico, tudo é, contudo, Oceano.[14]

---

[14] HOBBES, Thomas. "Epistola Dedicatoria". *Elementa Philosophica De Cive*, XII, 8. Amsterodami: Apud Ludovicum Elzevirium, 1647, pp. 4-5: "Quot autem genera rerum sunt in quibus Ratio humana locum habet, in tot ramos se diffundit

Podemos, por analogia, lançar a hipótese de que as *aliae causae* [*outras causas*] das quais fala Spinoza sejam a física moderna e a teoria da política.

A passagem de Spinoza, entretanto, sugere uma indicação suplementar: diz que aqui (*hic*) é supérfluo enumerar essas causas. Isto significa implicitamente que em outros lugares Spinoza falou ou falará delas. E no que diz respeito à física, não é difícil identificar seu lugar no tratado contido na Segunda Parte da *Ethica*; no que diz respeito à teoria política, não é fácil isolar uma parte precisa no âmago de seu projeto teórico. Todavia, parece que dois textos específicos podem ser indicados, nos quais, mais claramente que noutros, Spinoza traça a linha de demarcação entre o conhecimento finalístico da história e da política e o conhecimento da essência e das propriedades do corpo político, isto é, entre a sacralização imaginária da história e do poder e o conhecimento de suas dinâmicas, e em ambos os casos parece haver uma fundamental referência ao discurso de Maquiavel. Trata-se do Capítulo III do *TTP*, no qual Spinoza constrói, através dos conceitos de *auxilium Dei internum* [auxílio interno de Deus] e *auxilium Dei externum* [auxílio externo de Deus], uma ontologia da história que remete diretamente à distinção de Maquiavel entre *virtù* e *fortuna* do Capítulo XXV de *O Príncipe*; e do Capítulo I do *TP* no qual ele se diferencia tanto da política tomista quanto de seu processo de decomposição posto em ato por teóricos da Razão de Estado, justamente repetindo a célebre distinção entre imaginação e "verdade efetual"[15] do Capítulo XV de *O Príncipe*. Isso não exclui que, se é verdade que esses textos representam o ponto de ruptura mais evidente com a tradição anterior, a *pars construens* corresponda às três obras da maturidade tomadas em seu conjunto – ainda que elas não deixem de ter diferentes matizes

---

Philosophia, diversè tamen pro diversitate subjectae materiae nominata. Nam quae de figuris tractans, Geometria; de motu, Physica; de jure naturali, Moralis dicitur, tota Philosophia est: quemadmodum mare quid hîc Britannicum, illic Atlanticum, aliàs Indicum, à singulis litoribus appellatum, totum tamen est Oceanus".

15 N.T.: Versamos a expressão "verità effettuale" por "verdade efetual", a qual, muito provavelmente, seria um neologismo de Maquiavel.

CAPÍTULO I - A CIÊNCIA DAS *CONNEXIONES* SINGULARES

—, nas quais Maquiavel não é senão, para alguns olhares, o ponto de partida.[16]

A partir dessa interpretação do segundo gênero de conhecimento, definido pelas noções comuns constituídas pelas ideias adequadas das propriedades comuns das figuras, dos corpos físicos e dos corpos políticos, faz-se mister buscar compreender, em analogia com o exemplo do quarto proporcional, o que vem a ser a ciência intuitiva da política.

2. O modelo de causalidade

Todavia, antes de dar esse passo, é necessário refletir sobre o segundo gênero de conhecimento. O eixo teórico do segundo gênero é a categoria de causa. É necessário indagar-se se a categoria de causa permanece a mesma nos diferentes âmbitos que traçamos.

No prefácio da Terceira Parte da *Ethica* é possível encontrar uma resposta a esse problema que, pela sua potência disruptiva, tornou-se o símbolo próprio da empresa teórica spinozana:

> Mas esta é a minha razão. Nada se faz na natureza que um vício lhe possa ser atribuído; porque a natureza é sempre a mesma, & ubiquamente uma, e sua virtude e potência de agir a mesma, isto é, as leis naturais & regras segundo as quais todas [as coisas] se fazem & mudam-se de umas formas noutras são ubiquamente & sempre as mesmas, e, por isto, uma e a mesma também deve ser a razão de inteligir a natureza de quaisquer coisas, justamente pelas leis & regras universais da natureza. Os afetos assim como o ódio, a ira, a inveja *&c.* em si considerados através da mesma necessidade & virtude da natureza seguem-se [*consequuntur*] como as demais [coisas] singulares; e, por aí, reconhecem certas causas, pelas quais se inteligem e têm certas

---

[16] Cf.: MORFINO, Vittorio. *Il tempo e l'occasione. L'incontro Spinoza-Maquiavel*. Milano: LED, 2002.

propriedades, igualmente dignas de nosso conhecimento como as propriedades de qualquer outra coisa, com as quais só pela contemplação nos deleitamos. Tratarei, pois, da natureza & das forças dos Afetos e da potência da Mente sobre eles com o mesmo Método [*Methodo*] pelo qual nas [partes] precedentes tratei de Deus & da Mente, & considerarei as ações e os apetites humanos assim como se fosse Questão de linhas, de planos ou de corpos.[17]

A afirmação de Spinoza parece ser inequívoca: a teoria das paixões vale-se da mesma categoria de causalidade que é utilizada nas matemáticas e na física. Pode ser estabelecida uma equivalência tanto entre causa e premissa quanto entre efeito e consequência. A expressão spinozana *causa seu ratio* [*causa ou razão*] seria, assim, o sinal revelador de uma ontologia dominada por um modelo de causalidade lógica.

Porei em discussão essa afirmação spinozana, tentando demonstrar que o confronto com o campo histórico-político conduziu o nosso filósofo a produzir uma nova concepção da causalidade. Para pôr em evidência, pela diferença, essa nova concepção, é necessário voltar a um texto anterior, o *TIE*. Esse esboço juvenil, abandonado a si mesmo sem ser terminado, é certamente um tratado metodológico e, contudo, contém páginas de grande importância para delinear a primeira ontologia spinozana. Essa ontologia é o objeto do quarto gênero de conhecimento, que tem a característica de conhecer uma coisa *per solam suam essentiam, vel per cognitionem suæ causæ*.[18] [19] Dessa maneira, se a coisa é causa por si, ela será conhecida através da sua própria essência, e, contrariamente, se a coisa necessita de uma causa para existir, deve ser conhecida através da sua próxima causa. Então, no que diz respeito às coisas reais, as conclusões devem ser tiradas não a partir de axiomas abstratos, mas a partir *ab essentia aliqua particulari affirmativa, sive a vera*

---

[17] EIIIPraef.

[18] *TIE*, §18 (G II : 10).

[19] N.T.: "só pela sua essência, ou pelo conhecimento de sua causa."

CAPÍTULO I - A CIÊNCIA DAS *CONNEXIONES* SINGULARES

& *legitima definitione*.[20] [21] Isso leva à aplicação de duas regras referentes às relações de dependência das propriedades da essência, cuja violação teria como consequência subverter a concatenação (*concatenatio*) no intelecto que deve se referir (*referre debet*) àquela da natureza:

> I. Se a coisa é criada, a definição deverá, como dissemos, compreender a causa próxima [...]. II. Requer-se o conceito ou definição de tal coisa, enquanto é observada sozinha e não, contudo, conjunta com outras [*non cum aliis conjuncta*], para todas as propriedades da coisa poderem concluir-se através dela (...).[22]

Podemos, neste ponto, enfrentar a longa passagem na qual, a partir do problema da ordem da dedução, Spinoza traça o quadro fundamental de sua ontologia:

> De fato, quanto à ordem, & para todas as nossas percepções ordenarem-se & unirem-se [*ut omnes nostræ perceptiones ordinetur & uniatur*], requer-se, o quanto antes possa fazer-se, & como a razão postula, que inquiramos se acaso se dá algum ente, & simultaneamente qual, que seja causa de todas as coisas [*omnium rerum causa*], para sua essência objetiva ser também causa de todas as nossas ideias [*causa omnium nostrarum idearum*], & então a nossa mente, como dissemos, se referirá o quão maximamente à Natureza: pois terá objetivamente a essência, a ordem e a união [*essentiam, ordinem & unionem*] dela própria. Por aí, podemos ver, que é sobremaneira necessário para nós sempre deduzirmos todas as nossas ideias das coisas Físicas, ou dos entes reais, progredindo, até onde pode fazer-se, segundo a série das causas [*secundum seriem causarum*] de um ente real a outro ente real, &

---

20 *TIE*, §91 (G II : 34).
21 N.T.: "de alguma essência particular afirmativa, ou da verdadeira & legítima definição."
22 *TIE*, §95 (G II : 35).

assim, certamente, para não passarmos aos abstratos & universais, ou para não concluirmos a partir deles algo real, ou para eles não se concluírem de algo real: ambos, com efeito, interrompem o verdadeiro progresso [*verum progressum*] do intelecto. Todavia, deve-se notar que por série das causas & entes reais não intelijo aqui a série das coisas singulares mutáveis [*series rerum singularium mutabilium*], mas somente a série das coisas fixas e eternas [*series rerum fixarum æternarumque*]. Com efeito, seria impossível para a debilidade humana seguir a série das coisas singulares mutáveis, tanto por causa de seu número superando toda multidão, quanto por causa das infinitas circunstâncias [*circumstantiæ*] numa & mesma coisa, das quais cada uma pode ser causa para a coisa existir ou não existir; visto que a existência delas não tem nenhuma conexão [*connexio*] com a essência delas, ou (como já dissemos) não é uma verdade eterna. Mas, de fato, também não é preciso que entendamos a série delas, visto que as essências das coisas singulares mutáveis não são obtidas pela sua série, ou ordem de existir [*ab earum serie sive ordine existendi*]; uma vez que aqui nada de outro se oferta para nós além das denominações extrínsecas, relações ou, no máximo, circunstâncias [*denominationes extrinsecæ, relationes, aut ad summum circumstantias*]; as quais todas estão longe da íntima essência das coisas [*intima essentia rerum*]. Esta, de fato, somente se deve demandar quanto às coisas fixas e eternas, & simultaneamente às leis inscritas nessas coisas, como em seus verdadeiros códices [*a legibus in iis rebus, tanquam in suis veris codicibus, inscriptis*], segundo os quais todas [as coisas] singulares fazem-se & ordenam-se; mesmo estas [coisas] mutáveis singulares dependem, sobretudo, íntima e essencialmente (por assim dizer) daquelas fixas que sem elas não podem ser nem se conceber. Por aí, essas [coisas] fixas & eternas, embora sejam singulares, contudo, serão para nós pela sua ubíqua presença e abundantíssima potência como [coisas] universais ou gênero das definições [*universalia, sive genera definitionum*] das coisas singulares mutáveis & causas próximas de todas as coisas [*causæ proximæ omnium rerum*]. No entanto, uma vez que isso é assim, parece restar não pouca dificuldade para podermos chegar ao conhecimento destes singulares: pois conceber simultaneamente todas [as coisas] é de longe além das forças do intelecto humano. A ordem, contudo, para inteligir-se um antes do outro, como dissemos, não deve ser demandada à sua série de existir nem também às coisas eternas.

CAPÍTULO I - A CIÊNCIA DAS *CONNEXIONES* SINGULARES

> Aí, com efeito, todas estas [coisas] são simultaneamente por natureza [*simul natura*].[23]

O passo de Spinoza é bastante obscuro e justamente por esse motivo, mesmo resistindo a tal operação, somos tentados a interpretá-lo à luz da *Ethica*. A identificação na ontologia spinozana do nível das *res fixæ æternæque* [*coisas fixas e eternas*] é problemática: estas foram interpretadas seja como atributos, seja como leis naturais a que visa a ciência, seja como essências matemáticas. Com efeito, nenhuma destas hipóteses é verdadeiramente satisfatória, e talvez se deva reconhecer com Di Vona que "não tem grande importância questionar-se sobre o que são as *res fixæ æternæque* e as leis e regras nelas inscritas, do momento em que Spinoza não as determinou no *TIE*, e pode-se pensar que isto não seja devido somente ao estado do texto e que ele tenha a sua boa razão". Daí, acrescenta, "não compete ao método especificar quais sejam as realidades imutáveis e eternas"; é suficiente que se "determine a espécie de realidade à qual se deve endereçar o conhecer".[24]

Busquemos, então, isolar e pôr em foco os elementos-chave dessa passagem em si mesmos, sem inseri-los forçadamente no que corresponderia a um sistema spinozano imaginário e atemporal. Em primeiro lugar, podemos distinguir três níveis ontológicos diferenciados com precisão por Spinoza: o nível da *res increata* [*coisa incriada*], o *ens perfectissimum* [*ente perfeitíssimo*], ou seja, Deus; o nível das coisas fixas e eternas que são concebidas como série de causas das coisas físicas, ou seja, dos entes reais; e, por fim, o nível das coisas singulares submetidas à mudança e cuja existência é devida às circunstâncias. Além disso, dois elementos da problemática spinozana do *TIE* podem ser considerados como fundamentais: o conceito de definição como tentativa de conhecer as coisas fixas e eternas em sua unidade autorreferencial (isto é, colocando fora do jogo toda determinação proveniente de objetos externos) e o conceito de série que relaciona em termos causais estas unidades

---

[23] *TIE*, §§99-101 (G II : 36-37).
[24] DI VONA, Piero. *Studi sull'ontologia di Spinoza*. Firenze: La Nuova Italia, 1960, p. 56.

na forma de uma sucessão linear. Assim, utilizando uma terminologia leibniziana, o domínio das coisas fixas e eternas é aquele das verdades de razão (que diz respeito igualmente à coisa necessária, isto é, Deus, e às coisas impossíveis, como a quimera), enquanto o domínio das coisas singulares e submetidas à mudança é aquele das verdades de fato (que diz respeito às coisas possíveis), que dependem de um nível inferior: não é por acaso se no *TIE* o quarto gênero de conhecimento é aquele das verdades eternas, que tem como objeto as coisas eternas enunciadas nas proposições nas quais o contrário é impossível, enquanto na *Ethica* o conhecimento intuitivo[25] será aquele da essência das coisas singulares. E, com efeito, é de fundamental importância a razão pela qual, segundo o Spinoza do *TIE*, as coisas singulares não podem ser conhecidas:

> Mas, de fato, também não é preciso que entendamos a série delas, visto que as essências das coisas singulares mutáveis não são obtidas pela sua série, ou ordem de existir; uma vez que aqui nada de outro se oferta para nós *além das denominações extrínsecas, relações ou, no máximo, circunstâncias*; as quais todas estão longe da íntima essência das coisas. Esta, de fato, somente se deve demandar quanto às coisas fixas e eternas, & simultaneamente às leis inscritas nestas coisas, como se em seus verdadeiros códices, segundo os quais todas [as coisas] singulares fazem-se & ordenam-se (...).[26]

Estamos, portanto, na presença de uma dupla série: a série das coisas singulares e mutáveis e a série das coisas fixas e eternas. O conhecimento das coisas singulares exige que seja posta entre parêntesis a sua

---

[25] EVP36S.

[26] *TIE*, §97 (G II: 36-37): "siquidem rerum singularium mutabilium essentiæ non sunt depromendæ ab earum serie, sive ordine existendi; cum hic nihil aliud nobis præbeat *præter denominationes extrinsecas, relationes, aut ad summum circumstantias*; quæ omnia longè absunt ab intima essentia rerum. Hæc vero tantum est petenda a fixis, atque æternis rebus, & simul a legibus in iis rebus, tanquam in suis veris codicibus, inscriptis, secundum quas omnia singularia, & fiunt, & ordinantur (...)". [Cursivo meu: V. M.]

CAPÍTULO I - A CIÊNCIA DAS *CONNEXIONES* SINGULARES

ordem de existência, a qual não nos oferece nada "além das denominações extrínsecas, relações, ou, no máximo, circunstâncias" (todas essas coisas bastante distantes da essência íntima das coisas), em proveito da série das coisas fixas e eternas e das leis que nelas são inscritas, verdadeiros e próprios códigos que regulam o devir das coisas submetidas à mudança. Spinoza estabelece, pois, uma clara separação entre o necessário, a série das coisas fixas e eternas e das suas leis que constituem a essência íntima das coisas singulares, e o contingente, a série das coisas singulares submetidas à mudança, cuja ordem existencial é o efeito de relações extrínsecas e de circunstâncias: não se dá ciência do contingente, mas somente do necessário.

A conclusão que podemos tirar desse obscuro esboço da primeira ontologia spinozana é o fato de que, independentemente da interpretação que se dê da natureza das coisas fixas e eternas, o que permanece decisivo é o conceito de série utilizado por Spinoza para representar a ordem necessária da concatenação das essências íntimas das coisas. Ora, ainda que a maioria dos comentadores não se deem conta disso, o conceito de série não é um conceito epistemologicamente neutro: ele é, com efeito, o sintoma de uma torção lógico-matemática da ontologia, em que as *res* concebidas como entes reais fixos e eternos entrevêem relações necessárias que derivam inteiramente de sua essência íntima.[27] A realidade encontra o seu princípio de ordem, pois, na necessidade que brota da série das coisas fixas e eternas, núcleo inteligível das coisas singulares cuja existência nos oferece relações acidentais e aleatórias que não podem vir a ser objeto de um conhecimento adequado.

---

[27] Joachim descreve com precisão o horizonte lógico-ontológico do *TIE*: "In the chain which constitutes our knowledge every true idea (or link) will be a definition. It will define a singular member of the series of causes and real things: i.e. it will state the inmost essence of a created thing – an effect of the First Cause. And every logical implication (or linkage) will reflect the bond really (i. e. essentially) uniting a singular created thing to its neighbour in the uniquely graded descent of a singular created thing or effects from the First Cause – in the eternal hierarchy or scale of their dependence, as modes of Natura Naturata upon the Absolute Individual" (JOACHIM, H. H. *Spinoza's "Tractatus de intellectus emendatione"* Oxford: Clarendon Press, 1940, p. 227).

Se passamos à *Ethica*, fixando a atenção sobre a estrutura material do texto, salientar-se-á uma variação fundamental a respeito da concepção da causalidade. Com este propósito, um dado indiscutível, fornecido pela indexação informática da *Ethica*,[28] consiste no fato de que o termo latino *series* desaparece completamente da obra, enquanto o termo *ordo* permanece um dos eixos centrais da ontologia spinozana. Isso parece constituir um primeiro indício do fato de que a equação *ordem = série*, central na descrição do modelo causal do *TIE* e, pois, de suas estruturas ontológicas fundamentais, não pode ser sobreposta ao modelo de causalidade proposto na *Ethica*.

Poder-se-ia objetar que a proposição 28 da Primeira Parte descreve um regresso ao infinito das causas concebido de modo serial. A série linear e horizontal da causalidade finita parece justapor-se à causalidade vertical e imanente de Deus anunciada na proposição 18. Todavia, conceber a causalidade imanente e a causalidade transitiva como duas causalidades distintas seria um modo muito superficial de ler o *De Deo*; Spinoza mesmo nos recorda a inseparabilidade dos dois planos da causalidade (finita e infinita) no escólio da proposição 28. Na realidade, o pensamento radical da causalidade imanente impede conceber de modo serial a causalidade finita, visto que a constelação teórica que esta traz necessariamente consigo destrói os elementos constitutivos necessários ao funcionamento da causalidade transitiva: o conceito de indivíduo, de coisa singular, perde a simplicidade e a unidade que lhe conferia, no *TIE*, a sua essência íntima, que permanecia aquém das relações exteriores e das circunstâncias existenciais, para atingir a complexidade de uma relação proporcionada em que a essência não difere de modo nenhum da potência, isto é, da sua capacidade de entrar em relação com o externo (quanto mais complexas são as relações, mais potente é o individuo). A causa perde, portanto, a simplicidade da relação de imputação jurídica para ganhar a pluralidade estrutural das relações complexas com o externo. Não se pode deixar de salientar que todos

---

[28] GUERET, Michel.; ROBINET, A.; TOMBEUR Paul.,. *Spinoza, Ethica*. Concordances, Index, Listes de fréquences, Tables comparatives. Louvain-la-Neuve: CETEDOC, 1977, p. 305.

CAPÍTULO I - A CIÊNCIA DAS *CONNEXIONES* SINGULARES

esses elementos estavam excluídos, no *TIE*, do conhecimento adequado das coisas singulares como inessenciais. É demasiado dizer que a relação essência-existência é invertida com respeito ao *TIE*: a essência das coisas agora reside no fato consumado das relações e das circunstâncias que produziram certa existência: noutras palavras, a essência de uma coisa é concebível somente *post festum*, isto é, unicamente a partir do fato da sua existência ou, mais precisamente, a partir da sua potência de agir que nos revela a sua verdadeira "interioridade". A barreira entre interior (*essentia intima* [essência íntima]) e exterior (*circumstantia*, isto é, o que está em torno) é destroçada; a potência é precisamente a relação regulada de um exterior e de um interior que não se dão como tais senão na relação.

Neste ponto da nossa argumentação, é necessário salientar a emergência de um novo termo, empregado pela primeira vez no *TTP*,[29] mas que terá importância fundamental somente na *Ethica*:[30] *connexio*. A primeira ocorrência desse termo figura na famigerada proposição 7 da Segunda Parte. A sua ausência na Primeira Parte não é um acaso: de fato, Spinoza utiliza-o para designar as relações entre as coisas depois de ter estabelecido o plano de imanência e de univocidade do ser.[31]

> A ordem e a conexão das ideias é o mesmo que a ordem e a conexão das coisas [*Ordo, & connexio idearum idem est, ac ordo, & connexio rerum*].[32]

---

[29] "Quare non dubium est, quin, si ipsos haberemus Historicos, res ipsa directe constaret: sed quia iisdem, ut dixi, destituti sumus, id nobis tantum restat, ut ipsas historias examinemus; nempe earum *ordinem & connexionem*, variam repetitionem, & denique in annorum computatione discrepantiam." (*TTP*, IX) (G III: 130).

[30] Na verdade, uma ocorrência do termo *connexio* figura também no *TIE*, todavia, com um sentido totalmente diferente daquele que terá na *Ethica*: Spinoza o utiliza para negar a *connexio* da existência e da essência nas coisas singulares.

[31] Sobre a relação imanência-univocidade no pensamento spinozano em confronto com a tradição neoplatônica, cf.: DELEUZE, G. "L'immanence et les éléments historiques de l'expression" *In: Spinoza et le problème de l'expression*. Paris, Les Éditions de Minuit, 1968, pp. 153-69.

[32] EIIP7.

E no corolário da mesma proposição, Spinoza escreve:

> Segue-se disto que a potência de pensar de Deus é igual à sua própria potência atual de agir. Isto é, tudo o que se segue formalmente através da infinita natureza de Deus, isso tudo se segue objetivamente em Deus através da ideia de Deus com a mesma ordem e a mesma conexão [*eodem ordine, eademque connexione*].[33]

E ainda no escólio:

> (...) & por isto, quer concebamos a natureza sob o atributo da Extensão, quer sob o atributo do Pensamento, quer sob qualquer outro, acharemos uma e mesma ordem ou uma e mesma conexão das causas [*unum eundemque ordinem, sive unam, eandemque causarum connexionem*] (...).[34]

A indexação informática da *Ethica* assinala-nos outras dezenove ocorrências da hendíade *ordo et connexio*, que é inútil citar, visto que são repetições da proposição 7[35]. O exame do léxico indica claramente, pois, que passamos da equação do *TIE ordo = series* à equação da *Ethica ordo = connexio* (*ordo totius naturae, sive causarum connexio*,[36] como escreve Spinoza no escólio citado). Nos dois casos, é evidente que o segundo

---

[33] EIIP7C.

[34] EIIP7S.

[35] Cf.: GUERET, Michel.; ROBINET, A.; TOMBEUR, Paul. *Spinoza, Ethica. Concordances, Index, Listes de fréquences, Tables comparatives*. Louvain-la-Neuve: CETEDOC, 1977, p. 74.; também GIANCOTTI, E. *Lexicon Spinozanum*, vol. I, La Haye, Martinus Nijhoff, 1970, vol. I, p. 216. A única ocorrência do termo *connexio* além da hendíade encontra-se na definição de *admiratio*: "Admiratio est rei alicujus imaginatio in qua Mens defixa propterea manet, quia hæc singularis imaginatio nullam cum reliquis habet connexionem." (EIIIAfDef).

[36] N.T.: "ordem da inteira natureza, ou conexão das causas."

CAPÍTULO I - A CIÊNCIA DAS *CONNEXIONES* SINGULARES

termo é determinante, ao passo que o primeiro tem somente a função de livrar-se da área semântica do termo grego *kosmos,* isto é, permitir pensar uma ordem ontológica independente de uma fundação tanto moral quanto estética. Tínhamos analisado precedentemente a memória semântica do termo "série" e a sua remissão a um horizonte epistemológico lógico-matemático. É necessário dar a justa importância à diferença conceitual introduzida pelo termo *connexio*: este termo deriva do latino *connectere*, composto de *cum–* e *nectere*, que significa entrelaçar.[37][38] Portanto, em detrimento da ordem serial e linear da causalidade transitiva do *TIE*, Spinoza desenvolve na *Ethica* uma concepção de causalidade como entrelaçar complexo: a metáfora têxtil[39] evoca, de fato, tudo menos a linha reta da série causa-efeito. O conhecimento da essência de cada indivíduo através do terceiro gênero passa, pois, pelo conhecimento desse entrelaçar complexo e não poderia ser alcançado sem a consideração das relações e das circunstâncias, na vã esperança de alcançar através de uma correta definição a essência íntima das coisas.

Essa modificação do modelo de causalidade parece-me ser o efeito do encontro com a história e a política advindo da época da escritura do *TTP*, ou melhor, com as condições de pensabilidade destas fixadas por Maquiavel através dos conceitos de *virtù* e *fortuna*, cujo ponto de intersecção ganha o nome filosófico de *ocasião*:

> Mas para vir àqueles que, pela própria *virtù* e não por fortuna, devieram príncipes, digo que os mais excelentes são Moisés,

---

[37] Cf.: GLARE, P. G. W. (ed.). *Oxford Latin Dictionary*. Oxford: Clarendon Press, 1982, p. 1166.

[38] N.T.: O termo italiano utilizado aqui é *intreccio* do verbo *intrecciare*. Etimologicamente, *intreccio* deriva de *in* + *treccia*, correspondendo *treccia*, no português, à trança (no espanhol, *trenza*, e, no português antigo, *trença*), cujo equivalente que versaríamos aqui, sem nenhuma perda semântica, seria *entrançar*. Diz-se usualmente em língua lusa - e também em acordo com o uso vinculado à metáfora têxtil feito pelo autor - "o trançado do tecido". Todavia, porque se diz que *entrançar* resulta inusual, versaremos por *entrelaçar*. Salientamos, ademais, que também poderia ser versado por *intrincar*.

[39] À mesma metáfora têxtil remetem as locuções *ordo, & causarum nexus* (EIVP62S) e *infinitus causarum nexus* (EVP6Dem).

> Ciro, Rómulo, Teseu e similares (...) E examinando as suas ações e vidas, não se vê que eles tivessem outro da fortuna senão a *ocasião*; a qual lhes deu matéria para poder introduzi-la dentro daquela forma que lhes pareceu; e sem aquela *ocasião* a *virtù* do ânimo deles teria sido extinguida, e sem aquela *virtù* a *ocasião* teria vindo em vão.[40]

Um evento histórico como a fundação de um Estado (mas também como a escritura de um livro, por exemplo, a Bíblia) não é o efeito de uma primeira causa mítica, que está na origem de um desenvolvimento linear do tempo histórico (*ab urbe condita*), mas é o resultado de um encontro complexo e aleatório entre a *virtù* e a *fortuna* sob forma de *ocasião*, encontro que pode fazer nascer ou pôr fim a um mundo.

A elaboração filosófica, por parte de Spinoza, do conceito maquiaveliano de *ocasião* passa através de três nós teóricos fundamentais:

1) o primado da relação das coisas sobre essência íntima delas;
2) o primado do aleatório sobre toda e qualquer teologia e teleologia da causa;
3) uma concepção plural da temporalidade.

Examinemos agora esses três pontos na filosofia de Spinoza.

3. O primado da relação

Na passagem de um modelo ao outro de causalidade, salientamos a importância adquirida pelo conceito de relação de elemento extrínseco

---

[40] MACHIAVELLI, Nicolau. "Il Principe", VI. *Tutte le opere*. Firenze, Sansoni, 1993, p. 264. [Cursivo meu: V.M.]

CAPÍTULO I – A CIÊNCIA DAS *CONNEXIONES* SINGULARES

com respeito à essência para o seu núcleo constitutivo. Balibar, em referência ao pensamento de Spinoza, chega a falar de ontologia da relação. Não se deve, todavia, esconder algumas dificuldades presentes numa interpretação desse tipo, sendo a primeira delas a que consiste no fato de que em Spinoza falta uma verdadeira e própria tematização do problema das relações.

Nos *Pensamentos metafísicos*, encontramos um breve aceno sobre a questão:

> Através disto, que comparamos as coisas entre si, originam-se algumas noções, as quais, contudo, nada são fora das próprias coisas senão modos de pensar. O que daí é claro, porque se quisermos considerá-las como coisas postas fora do pensamento, tornaremos o conceito claro que outrora tínhamos delas imediatamente confuso. De fato, estas são as tais noções, a saber, *Oposição, Ordem, Conveniência, Diversidade, Sujeito, Adjunto,* & ainda outras que lhes são semelhantes. Essas, digo, percebem-se por nós bastante claramente, enquanto as concebemos não como algo diverso das essências das coisas opostas, ordenadas &c., mas somente como modos de pensamento, pelos quais mais facilmente retemos ou imaginamos as próprias coisas.[41]

O conceito encontrava-se já com clareza no *Breve Tratado*:

> Algumas coisas estão em nosso intelecto, e não na Natureza e, portanto, são também uma obra unicamente nossa e servem para entender distintamente as coisas; entre elas incluímos todas as relações que se referem a coisas diversas, e às quais chamamos *Entia Rationis* [entes de razão].[42]

---

[41] *CM*, I, 5 (G I : 245).

[42] *KV* (G I : 193). (Trad. pt.: ESPINOSA, Baruch. *Breve Tratado de Deus, do homem e do seu bem-estar*. Belo Horizonte: Autêntica Editora, 2014, p. 86).

Na *Ethica* há 17 ocorrências do termo *relatio*,[43] mas não há nenhuma definição de *relação* enquanto tal. Na maioria dos casos, o termo é usado conjuntamente aos verbos como *considerari, imaginari, concipi* e *contemplari* e com as preposições *cum, absque, sine*. Isso indica um estatuto puramente mental da *relação*: as coisas podem ser ou não ser consideradas numa determinada relação. Num dos casos, a ocorrência tem um valor ontológico, quando Spinoza, no escólio da proposição 23 da Quinta Parte, nega que a eternidade possa ser definida pelo tempo ou que possa ter alguma relação com o tempo. Por fim, encontramos uma ocorrência do termo *relação* em sentido técnico na definição dos afetos da Terceira Parte. É útil ler a passagem inteira:

> Passo em silêncio sobre as definições de Ciúmes & demais flutuações do ânimo, tanto porque se originam através da composição dos afetos, os quais já definimos, quanto porque a maioria não tem nomes, o que mostra ser o suficiente para o uso da vida conhecê-las somente em gênero. É manifesto através das definições dos afetos restantes, os quais explicamos, que todos se originam do Desejo, Alegria ou Tristeza, ou antes, nada são além destes três, os quais cada qual se costuma chamar com vários nomes por conta de suas várias relações & denominações extrínsecas.[44]

As relações são, pois, denominações extrínsecas. Percorrendo a *Ethica*, não encontramos nenhuma outra ocorrência da expressão "denominações extrínsecas"; pode-se, todavia, encontrar uma ocorrência da expressão "denominações intrínsecas", que Spinoza, na *explicatio* da definição 4 da Segunda Parte, dá como equivalente de *proprietates*. Portanto, Spinoza parece instituir uma clara separação entre as características que constituem a essência de uma coisa e as características

---

[43] GUERET, Michel.; ROBINET, A.; TOMBEUR, Paul. *Spinoza, Ethica. Concordances, Index, Listes de fréquences, Tables comparatives*. Louvain-la-Neuve: CETEDOC, 1977, p. 287.

[44] EIIIAfDef48Expl.

CAPÍTULO I - A CIÊNCIA DAS *CONNEXIONES* SINGULARES

que, contrariamente, dependem da interação dessa coisa com outras: as primeiras são *proprietates*, as segundas *relationes*.

Na *Ethica*, contudo, não está presente de modo explícito a teorização dessa distinção. É preciso voltar ao *TIE* a fim de encontrá-la *à toutes lettres*. Ao expor as características do conhecimento do quarto gênero, Spinoza afirma que da definição de uma coisa devem poder ser deduzidas todas as propriedades dela "enquanto considerada sozinha, não em conjunto com outras".[45] A fim de reproduzir, em seguida, a ordem da natureza, é necessário conhecer a série através da qual estas coisas são concatenadas pelas causas, série que, todavia, não é aquela das coisas singulares e mutáveis (*series rerum singularium mutabilium*), mas é a série das coisas fixas e eternas (*series rerum fixarum aeternarumque*). O conhecimento visa, pois, reproduzir a ordem das coisas fixas e eternas, em cuja *intima essentia* estão contidas as leis "segundo as quais as coisas singulares são feitas e ordenadas", e não a série ou a ordem de existência das coisas singulares e mutáveis, que não oferecem senão "denominações extrínsecas, relações ou, no máximo, circunstâncias".[46] Podemos, portanto, dizer que o conceito de propriedade está ligado à interioridade de uma essência e o conceito de relação à exterioridade da existência: dá-se um plano ontológico cuja ordem das coisas é comandada pelas propriedades das essências (e pelas relações exclusivamente lógicas entre essas propriedades) e um outro cuja ordem está perturbada pelas relações e pelas circunstâncias existenciais. Isso parece ser o quadro ontológico do uso técnico do termo *relatio* na única ocorrência da *Ethica* e, todavia, o quadro ontológico da *Ethica* não parece autorizar tal uso.

Alguns elementos são problemáticos no confronto entre a *Ethica* e o *TIE*:

1) não se dá na *Ethica* um desdobramento entre coisas fixas e eternas e coisas singulares e mutáveis;

---

[45] *TIE*, §96 (G II : 35).
[46] *TIE*, §101 (G II : 36-37).

2) como dissemos, desaparece o termo *series* em proveito do termo *connexio*;

3) e, enfim, Spinoza não fala em nenhum lugar de *essentia intima*, mas, quando muito, de *actuosa essentia* [essência atuosa]. Em todo caso, do ponto de vista teórico, é fundamental a identificação do conceito de *essentia* com aquele de *existentia* e de *potentia*.

Todos esses elementos de diferença são naturalmente comandados pelo *enjeu* teórico que põe Deus não simplesmente como causa primeira, mas também como causa imanente.

Quando Tschirnhaus questiona se há um meio para escolher, dentre múltiplas ideias adequadas, uma pela qual seja possível deduzir a propriedade de uma coisa, Spinoza responde:

> Já, contudo, para poder saber através de qual ideia de uma coisa, dentre muitas, todas as propriedades de um sujeito podem se deduzir, observo somente um único tipo, aquela ideia da coisa ou definição que exprime a causa eficiente. Por exemplo, inquiro, sobre as propriedades do círculo que devem ser investigadas, se acaso através da ideia de círculo, que evidentemente consta de infinitos retângulos, possam deduzir-se todas as suas propriedades, investigo, reitero, se acaso essa ideia implica a causa eficiente do círculo, pois quando não se faz, busco outra: justamente que o círculo é espaço, o qual se descreve pela linha, em que um ponto é fixo e o outro móvel: quando essa Definição já exprime a causa eficiente, sei, por aí, que podem se deduzir todas as propriedades do círculo, *&c*. Assim, também quando defino que Deus é o Ente sumamente perfeito, de qualquer maneira essa definição não exprime a causa eficiente (intelijo, com efeito, a causa eficiente tanto interna quanto externa), não poderei, por aí, extrair todas as propriedades de Deus; mas, certamente, quando defino que Deus é o *Ens*, *&c*. veja a Definição VI da Parte I da *Ethica*.[47]

---

47 *Ep*. LX (*G* IV : 270-271).

CAPÍTULO I – A CIÊNCIA DAS *CONNEXIONES* SINGULARES

Não é por acaso que, no momento que deve exemplificar uma ideia através da qual seja possível deduzir as propriedades de um sujeito (*proprietates subjecti*), Spinoza proponha o círculo e Deus: de um lado, um *ens rationis* e, de outro, o ente infinito. Nem um nem outro pertencem à dimensão das *connexiones singulares* [conexões singulares], cuja ideia adequada deve esclarecer o tecido de *relationes* e não as *proprietates*. Por essa razão, Spinoza subtrai-se da questão de Tschirnhaus de "deduzir a priori a existência de tal e tanta variedade de coisas, dada a extensão indivisível e imutável".[48] A prospectiva da pergunta é errada: a variedade das coisas não é dedutível *a priori* da extensão, uma vez que a essência das coisas reais constitui-se nas relações, nas conexões, e não as precede logicamente.

4. As paixões como relações

Tudo isso encontrará um exemplo privilegiado na teoria das paixões. No célebre prefácio à Terceira Parte da *Ethica*, Spinoza promete tratar "as ações e os apetites humanos assim como se fosse Questão de linhas, de planos ou de corpos".[49] As paixões, como já o foram Deus e a mente, serão tratadas *more geometrico*, ou seja, elas serão consideradas como propriedades da natureza humana, como Spinoza diz expressamente no *TP*.[50] Propriedades, ou seja, denominações intrínsecas, isto é, características da *essentia intima* da natureza humana tomada separadamente de todo o resto. Todavia, seria verdadeiramente assim que deveria ser compreendida essa expressão spinozana, ou deveria ser posta simplesmente a ênfase sobre a polêmica antiteológica (*proprietates contra vitia*) sem, no entanto, compreender de modo técnico o termo *proprietas* como o que é *proprium* a uma *essentia* que precede as relações e as circunstâncias existenciais? Em sua bela tradução do *TP*, Paolo Cristofolini

---

48   *Ep*. LIX. (G IV : 268).

49   EIIIPraef.

50   "humanos affectus (...) non ut humanae naturae vitia, sed ut proprietates contemplatus sum" (*TP*, I, §4) (G III : 274).

propôs uma tradução extremamente pregnante de uma locução frequente sob a pena de Spinoza: "passionibus obnoxius".[51] Literalmente, se deveria traduzir "subjugados", "submetidos", "sujeitos" às paixões; Cristofolini nota que "o latim *obnoxius* contém, entretanto, a dupla valência do que fere e do que invade, ou pervade" e então propõe, amparado no modelo de tradução leopardiano de Epiteto, traduzir como "atravessados de paixões". Certamente, é lícito tomar essa tradução como um simples refinamento estilístico; para mim, em contrapartida, vale a pena sublinhar a força e a possibilidade interpretativa que ela abre. As paixões não seriam *proprietates* de uma genérica natureza humana, mas relações que atravessam o indivíduo nele constituindo a imagem de si e do mundo. Nesse sentido, no prefácio ao *TTP* encontra-se uma expressão análoga, *superstitionibus obnoxii*,[52] que esclarece perfeitamente a inseparabilidade entre o aspecto emotivo e aquele cognitivo da trama de relações que constitui o *ser social* do indivíduo.

Convém recordar que o indivíduo para Spinoza não é nem substância nem sujeito (nem *ousia* nem *hupokeimenon*), ele é uma relação entre um exterior e um interior que se constitui na relação (ou seja, não existe a interioridade absoluta do *cogito* defronte à exterioridade absoluta do mundo do qual o corpo justamente é parte). Essa relação constitui a essência do indivíduo, que não é senão a sua existência-potência; não se trata, todavia, de uma potência dada de uma vez por todas, mas de uma potência variável justamente porque é instável e não dada a relação que constitui o interno e o externo. Ora, as paixões não são as propriedades de uma natureza humana dada, propriedades que existem antes do encontro e que sejam de algum modo ativadas por ele, mas as relações constitutivas do indivíduo humano: o lugar originário sobre o qual agem as paixões não é a interioridade, mas o espaço *entre* os indivíduos, cuja própria interioridade é um efeito. O desejo, a alegria e a tristeza, que Spinoza chama de três afetos primários,[53] não são,

---

[51] Contam-se na *Ethica* 14 ocorrências da locução (*passionibus* ou *affectibus obnoxius*).

[52] *TTP*, Praef. (G III : 6).

[53] EIIIP11S: "(...) & além destes três afetos primários não reconheço nenhum outro: pois mostrarei, na sequência, que os demais originam-se destes três." ["(...) &

CAPÍTULO I – A CIÊNCIA DAS *CONNEXIONES* SINGULARES

respectivamente, senão a constituição e a variação de um interno que, enquanto é *conscius sui* [cônscio de si] (e *ignarus causarum rerum* [ignorante das causas das coisas]), isto é, enquanto imagina, transforma as *circumstantiae* em Origem e os objetos do desejo em Valores. Mas se esses afetos são primários com respeito ao indivíduo, não o são se os pusermos do ponto de vista da causalidade imanente, que dá lugar ao indivíduo enquanto *connexio singularis* [conexão singular], entrelaçar singular. Pode ser útil aqui um paralelo com a interpretação althusseriana de Epicuro:

> (...) os elementos estão aí e além daí, chovendo (...), mas eles não existem, eles são somente abstratos enquanto a unidade de um mundo não os tenha reunido num Encontro que lhes dará existência.[54]

Em outras palavras, esses afetos primários são somente elementos abstratos antes de entrarem em relação; mas não só isso, eles não podem nem mesmo existir em estado puro, elementos originários de cuja combinação nascem todos os outros; eles existem somente nas infinitas metamorfoses que as relações com o externo lhes impõem: ódio, amor, esperança (segurança/gáudio), medo (desespero/remorso) etc. Mais ainda, Spinoza autoriza-nos a avançar mais: não se pode nem mesmo falar de um afeto singular como relação transitiva a um objeto.[55]

---

praeter hos tres nullum alium agnosco affectum primarium: nam reliquos ex his tribus oriri in seqq. ostendam."]

[54] ALTHUSSER, Louis. "Le courant souterrain du matérialisme de la rencontre". In: *Écrits philosophiques et politiques*, t. 1. Paris: Stock/Imec, 1995, p. 546: "Comme dans le monde épicurien , tous les éléments sont là et au-delà, à pleuvoir (...), mais ils n'existent pas, ne sont qu'abstraits tant que l'unité d'un monde ne les a pas réunis dans la Rencontre qui fera leur existence."

[55] A mesma relação que liga um sujeito e um objeto não possui nenhuma universalidade, como sublinha o próprio Spinoza: "Diversos homens podem afetar-se de diversas maneiras por um e mesmo objeto, & um e mesmo homem pode afetar-se de diversas maneiras por um e mesmo objeto em diversos tempos." ["Diversi homines ab uno, eodemque objecto diversimodè affici possunt, & unus, idemque homo ab uno, eodemque objecto potest diversis temporibus diversimodè affici."] (EIIIP51).

Pelo efeito da causalidade imanente, que no âmbito do finito mostra-se como *nexus causarum* [nexos das causas], o entrelaçar de causas, cada afeto é sempre sobredeterminado por outros.

Se agora retomarmos a única passagem na qual Spinoza fala de relações no sentido técnico, poderemos nela medir a sua insuficiência:

> Passo em silêncio sobre as definições de Ciúmes & demais flutuações do ânimo, tanto porque se originam através da composição dos afetos, os quais já definimos, quanto porque a maioria não tem nomes, o que mostra ser o suficiente para o uso da vida conhecê--las somente em gênero. É manifesto através das definições dos afetos restantes, os quais explicamos, que todos se originam do Desejo, Alegria ou Tristeza, ou antes, nada são além desses três, os quais cada qual se costuma chamar com vários nomes por conta de suas várias relações & denominações extrínsecas.

O passo de Spinoza parece indicar a existência de três afetos primários, como *proprietates* de uma *essentia intima*, que nas várias relações com o externo mudam de forma. Na realidade, parece muito mais conforme à filosofia da *essentia = potentia* pensar essas composições de afetos constituindo-se nas relações com o externo como as únicas reais e os três afetos primários não como o substrato delas, mas sim como as abstrações determinadas (as noções comuns, nos termos spinozanos) necessárias para conceitualizá-las.[56] Spinoza o afirma explicitamente nas proposições 56 e 57 da EIII:

---

[56] No EIIIP56S Spinoza escreve explicitamente: "Pois para isto que intentamos, justamente para determinar as forças dos afetos & a potência da Mente sobre estes, basta para nós ter a definição geral de cada afeto. Basta para nós, digo, inteligir as propriedades comuns dos afetos & da Mente para podermos determinar qual & quanto seria a potência da Mente na moderação e coerção dos afetos." ["Nam ad id, quod intendimus, nempe ad affectuum vires, & Mentis in eosdem potentiam determinandum, nobis sufficit, uniuscujusque affectûs generalem habere definitionem. Sufficit, inquam, nobis affectuum, & Mentis communes proprietates intelligere, ut determinare possimus, qualis, & quanta sit Mentis potentia in moderandis, & coërcendis affectibus."]

CAPÍTULO I - A CIÊNCIA DAS *CONNEXIONES* SINGULARES

> EIIIP56: Dão-se tantas espécies de Alegria, Tristeza & Desejo &, consequentemente, de cada afeto, que através destes compõe-se, como a flutuação do ânimo ou aqueles que destes se deriva, justamente o Amor, o Ódio, a Esperança, o Medo *&c.*, quantas são as espécies de objetos, pelos quais nos afetamos.
>
> EIIIP57: Qualquer afeto de cada indivíduo tanto discrepa do afeto de outro quanto a essência de um difere da essência de outro.[57]

As relações não são, então, os transcendentais que informam a experiência, mas se constituem na *ocasião*, no *encontro*. Chegamos, pois, ao primado do aleatório sobre toda e qualquer teologia ou teleologia da causa, ou melhor, chegamos ao primado do encontro sobre a forma.

5. O primado do encontro sobre a forma

Para explicar a teoria dos afetos primários em Spinoza, propusemos um paralelo com a interpretação althusseriana de Epicuro, cujo centro gravitacional é o conceito de *encontro*. E justamente o primado do encontro sobre a forma, em que a *essentia intima* dotada de determinadas *proprietates* é uma das possíveis metamorfoses metafísicas, seja talvez o invisível *enjeu* da célebre referência aos atomistas na troca de cartas com Boxel. Quando Spinoza cita Demócrito, Epicuro e Lucrécio, os cita contra Sócrates, Platão e Aristóteles, ele os cita, sobretudo, contra as qualidades ocultas, as espécies intencionais, as formas substanciais. A leitura mais óbvia dessa passagem vê uma contraposição entre um mundo qualitativo e um mundo entendido quantitativamente, um apelo, como escreve Moreau, a um "monde rigoureux des lois"[58] ["mundo

---

[57] EIIIP56 e EIIIP57.
[58] MOREAU, Pierre-François. "Épicure et Spinoza: la physique". *Archives de Philosophie*, 57, 1994, pp. 464-5.

rigoroso de leis"], objeto do segundo gênero de conhecimento, que teria o epicurismo de Lucrécio como uma referência fundamental. Mas talvez se poderia ler essa passagem segundo uma nuance não, decerto, alternativa, mas diferente: como uma contraposição entre uma filosofia do encontro e uma filosofia da forma.

Para apreender toda a importância da questão, pode nos ser de ajuda retornar ao segundo livro da *Física* de Aristóteles, precisamente ao parágrafo 8, no qual encontramos uma das páginas filosoficamente mais belas e mais potentes do Estagirita. Aqui, Aristóteles analisa uma possível falha de sua construção teórica, em cujo centro está o conceito de forma; essa falha é estreitamente inerente à definição do acaso como teleologia aparente. Aristóteles questiona-se se toda teleologia não seria, na realidade, aparente, uma aparência de finalidade, em outras palavras, se toda forma não seria, na realidade, efeito do acaso. Eis a extraordinária passagem aristotélica:

> Comporta dificuldade saber o que impediria a natureza de produzir não em vista de algo, nem porque é melhor, mas do modo como chove, não a fim de que o trigo cresça, mas por necessidade: de fato, é preciso que se resfrie aquilo que foi levado para cima, e é preciso que aquilo que se resfriou, tendo-se tornado água, volte; mas crescer o trigo, quando isso ocorre, sucede por concomitância; semelhantemente, se o trigo de alguém perece na eira, não é em vista disso que chove, para que pereça, mas isso sucede por concomitância [συμβέβηκεν]. Por conseguinte, o que impediria que também as partes na natureza se comportassem desse modo – por exemplo, que, por necessidade, os dentes dianteiros se perfaçam agudos, adaptados para dividir, e os molares se perfaçam largos e úteis para aplainar o alimento, uma vez que não teriam vindo a ser em vista disso, mas antes assim teria coincidido? Semelhantemente, também as demais partes, em todas nas quais se julga encontrar o *em vista de algo*. Assim, no domínio em que absolutamente tudo tivesse sucedido por concomitância como se tivesse vindo a ser em vista de algo, as coisas ter-se-iam conservado na medida em que se teriam constituído de maneira apropriada por acaso [ἀπὸ τοῦ αὐτομάτου], mas teriam perecido e pereceriam todas as coisas que não teriam

CAPÍTULO I - A CIÊNCIA DAS *CONNEXIONES* SINGULARES

> vindo a ser desse modo, como Empédocles menciona os bovinos de face humana.[59]

Tudo poderia ter acontecido por necessidade e não em vista de um fim. Chove, é um fato. E a chuva pode ter efeitos positivos, fazer crescer trigo; ou negativos, fazer apodrecer o trigo na eira. Nos dois casos não chove por um fim, mas necessariamente. Aristóteles questiona-se se toda forma não poderia ser pensada sob o modelo da chuva e dos seus possíveis efeitos sobre o trigo. As formas não seriam senão o resultado de uma combinação alcançada pela necessidade, uma boa organização que, por isto, se perpetua; as más organizações, ao contrário, perecem e pereceram como os bovinos de face humana. As formas, portanto, não subsistem porque foram produzidas com o fim de subsistir, mas porque casualmente são adaptadas à subsistência. Esse primado do encontro sobre a forma é uma hipótese que Aristóteles descarta apoiando-se no uso da língua, cujas estruturas, como opina, identificam-se com as mesmas estruturas ontológicas da realidade: e na língua, resume perfeitamente Wieland, "onde quer que falemos de acaso teremos sempre já pressuposto positivamente estruturas teleológicas".[60]

Essa via, descartada por Aristóteles, é, pelo contrário, a percorrida por Lucrécio. No final do Canto I de *De rerum natura,* ele escreve:

> E não porque, decerto, em consílio os primordiais das coisas
> se colocariam em ordem por alguma mente sagaz
> nem por alguma [mente sagaz] dariam movimentos que fixassem pelo proveito,

---

[59] ARISTÓTELES. *Física I-II.* Trad. Lucas Angioni. Campinas: Editora da Unicamp. 2010, p. 57.
[60] WIELAND, Wolfgang. *Die aristotelische Physik. Untersuchungen über die Grundlegung der Naturwissenschaft und die sprachlichen Bedingungen der Prinzipienforschung bei Aristoteles*, Vandenhoeck & Ruprecht, Göttingen, 1962.

> mas porque muitas [coisas] de muitos modos mudadas pelo todo
> através do infinito agitam-se muito excitadas por golpes,
> todo gênero de movimento e coalisão experimentando
> até que devêm a tais disposições,
> pelas quais esta soma criada das coisas consiste,[61]

Nem a natureza nem a inteligência estão na origem da forma, mas antes os inúmeros movimentos e tentativas de união: o *concursus*, o encontro. E o encontro gera formas mais ou menos adaptadas à vida, e somente estas primeiras sobrevivem:

> A idade, com efeito, muda a natureza do mundo inteiro,
> e um estatuído através de outro deve excetuar todas [as coisas],
> e nenhuma coisa permanece semelhante a si: todas [as coisas] migram,
> todas [as coisas] comutam quando a natureza coage a verter.
> {porque uma putrefaz e langue débil no evo,
> logo outra cresce sobre e sai através dos contemptos.
> Se, pois, a idade muda a natureza do mundo inteiro,
> e um estatuído excetua através de outro a terra,
> [então] produziu o que não podia, pode o que não produziu antes.}
> E, assim, também muitos portentos prodigiosos que o telúrico cria
> foram intentados com face e membros nascidos,
> o andrógino, e de ambos distante, nem um nem outro;
> parte, privados de pés; parte, privados de mãos;
> também mudos sem boca, inventados cegos sem face,
> e atados dos membros aderidos pelo corpo inteiro,
> para não poderem fazer qualquer [coisa] nem irem a qualquer lugar
> nem evitarem o mal nem tomarem o que tivesse uso.
> Outros monstros e portentos deste gênero criava,
> em vão, visto que a natureza terrificou o crescimento,
> e não puderam tanger a flor da idade para desejar

---

[61] *D.N.R.* I, 1021-1028. Cf.: *D.N.R.* V, 185-194 & V, 420-430.

CAPÍTULO I - A CIÊNCIA DAS *CONNEXIONES* SINGULARES

nem achar comida nem se juntar pelo efeito [*res*] de Vênus.
Muitas [coisas], com efeito, vemos que devem concorrer com as coisas,
para, propagando, poderem produzir as gerações [*saecla*]: (...).[62]

Aqui, sem dúvida alguma, a referência é a Empédocles.[63] E decerto não é possível que essa citação de Empédocles não seja, ao mesmo tempo, uma clara tomada de posição contra Aristóteles (que, por sua vez, afirmava o primado da forma justamente contra a posição de Empédocles).

Deduz-se claramente desse passo que a regularidade das formas, das essências íntimas dotadas de determinadas propriedades que codificam o devir, é, na realidade, fundada num abismo. A forma não persiste em virtude da própria teleologia, mas cada forma é o efeito de uma conjunção que somente em presença do *concurrere multa rebus* [*muitas [coisas] concorrerem com as coisas*] pode devir uma conjuntura, isto é, uma conjunção que dura. Como a chuva de Aristóteles que cai no campo de grão e o faz crescer.

E que em Spinoza esteja presente uma análoga concepção do primado do encontro sobre a forma, o demonstra tanto a teoria do indivíduo da Segunda Parte da *Ethica,* quanto o axioma da Quarta Parte da *Ethica*: por um lado, a forma como *certa ratio* [*certa razão*][64] de uma composição, de um convir, de um concorrer (e também a forma do indivíduo político é definida nesses mesmos termos), por outro, a radical contingência de cada forma, seja ela uma florzinha ou um mundo, compreendendo o termo contingência no sentido que Spinoza lhe confere no corolário da proposição 31 da Segunda Parte da *Ethica*, ou

---

[62] *D.N.R.* V, 828-848.
[63] DK 31 B 57-60.
[64] A expressão certa ratio presente na definição de indivíduo na Segunda Parte da Ethica parece-me ser de clara origem lucreciana (EIIDNCDef.) (G II : 100), assim como também o uso do verbo cohaerere com relação à quaestio sobre o todo e as partes na epístola 32 (Spinoza a Oldenburg, Ep. XXXII (G IV : 169-76)).

seja, *possibilitas corruptionis* [*possibilidade de corrupção*]. E desse primado do encontro sobre a forma talvez seja o sintoma o exemplo que Spinoza propõe a fim de mostrar a oposição entre a explicação científica e a religiosa no Apêndice da Primeira Parte: uma pedra que cai e mata um homem. Necessidade contra finalismo, certo! Mas a quem conhece a estratégia filosófica de Spinoza não pode escapar o fato de que se trata de um dos exemplos que Aristóteles usa para ilustrar o conceito de acaso:

> De fato, a pedra caiu não em vista do ferir: portanto, foi pelo acaso que a pedra caiu, porque ela poderia ter caído também em vista do ferir, por obra de alguém.[65]

Trata-se de um acaso porque parece se exercer uma teleologia que, na realidade, não existe. Através do mesmo exemplo, Spinoza pensa a necessidade contra o preconceito finalístico. Todavia, o uso do exemplo aristotélico autoriza a perguntarmo-nos se ele não queria aí afirmar, ao mesmo tempo, justamente o que Althusser chama de primado do encontro sobre a forma. Aquele concurso de circunstâncias que produziu a morte do homem (*saepe enim multa simul concurrunt*,[66] [67] exclama Spinoza) não é o espaço de intersecção de processos teleológicos dominados pela regularidade das formas, mas é o modo mesmo através do qual age a causalidade imanente divina: o concorrer – o convir ou o concomitar[68] (cada um dos quais é uma possível tradução latina do grego *sumbaino* cujo particípio perfeito é *symbebekos*) – está na base do gerar-se, do durar e do corromper-se das formas, como mostra

---

[65] ARISTÓTELES. *Física I-II*. Trad. de Lucas Angioni. Campinas: Editora da Unicamp. 2010.

[66] EIApp. (G II : 81).

[67] N.T.: "frequentemente, com efeito, muitas [coisas] simultaneamente concorrem."

[68] Para uso spinozano destes verbos na Ethica, CF: GUERET, Michel.; ROBINET, A.; TOMBEUR, Paul. *Spinoza, Ethica. Concordances, Index, Listes de fréquences, Tables comparatives*. Louvain-la-Neuve: CETEDOC, 1977, pp. 73, 85-86 e 72-73.

CAPÍTULO I - A CIÊNCIA DAS *CONNEXIONES* SINGULARES

perfeitamente o esboço de ontologia da história do capítulo III do *TTP* que se conclui com oximoro *directio Dei sive fortuna* [direção de Deus ou fortuna]. Decerto, Spinoza disse que Deus é causa por si e não por acidente,[69] e quando Boxel o acusa veladamente de pôr o mundo ao acaso, ele responde com limpidez que entende como necessária e não fortuita a relação Deus-mundo. Isto, *a parte Dei*. Todavia, quando Spinoza, retomando a terminologia de Boxel, fala de *mundus,* do que está falando exatamente, visto que na *Ethica* o termo ocorre uma única vez e com nenhum significado técnico? Quando Spinoza fala de necessidade, ele refere-se, certamente, à relação que liga *natura naturans* e *natura naturata*. O que haveria aí, entretanto, do mundo como o entende Boxel? Para Spinoza, toda forma é fruto do concurso, toda essência é, na realidade, uma *connexio*, em termos lucrecianos, uma *textura*: o mundo é ao acaso. As leis naturais não são, portanto, a garantia da invariância das formas[70], mas a necessidade imanente às conjunções, a necessidade da chuva que faz crescer o trigo no campo e o faz apodrecer na eira. E não seria talvez um segundo indício disso a passagem do Apêndice que segue o exemplo da pedra a propósito da estrutura do corpo humano, constituído de modo tal "que uma parte não lese a outra"? Não seria talvez uma referência implícita àquela passagem de Aristóteles, na qual

---

[69] EIP16C2.

[70] Assim parece entendê-lo Moreau quando fala de "lois fixes et éternelles" ["leis fixas e eternas"], terminando, segundo penso, por projetar a ontologia do *TIE* sobre aquela da *Ethica* (cf.: MOREAU, P.-F. "Métaphysique de la substance et métaphysique des formes" *In:* AA. VV. *Méthode et métaphysique*. Paris: Presses de l'Université de Paris Sorbonne, 1989, pp. 9-18). Sobre o conceito de lei em Spinoza, em contrapartida, parece-me perfeito esta passagem de Barbaras: "Lorsqu'il arrive à Spinoza de parler de loi de la Nature, il ne dit pas que cette causalité est invariante; il dit qu'il y a un ordre de la Nature, que la nécessité (les causes) opère toujours de façon certaine et déterminée; comme s'il soupçonnait l'idée de loi invariante ou éternelle de ne pouvoir signifier autre chose qu'un décret ou un commandement, une relation qui a besoin d'être posée" ["Quando ocorre a Spinoza falar de lei da Natureza, ele não diz que esta causalidade é invariante; ele diz que há uma ordem da Natureza, que a necessidade (as causas) opera sempre de maneira certa e determinada; como se ele suspeitasse de a ideia de lei invariante ou eterna não poder significar outra coisa que um decreto ou comando, uma relação que precisa ser posta"] (BARBARAS, Françoise. "Spinoza et Démocrite". *In: Studia Spinozana*, 12 (1996), pp. 13-27: p. 14).

está esboçada a possibilidade de que cada forma seja fruto do acaso, do concurso? Primado do encontro sobre a forma, primado do acaso sobre a necessidade, à qual ele dá lugar: em alguns casos é-se dado um concurso tal de circunstâncias em que se permitiu que algumas formas durassem, outras, contrariamente, "que não se encontraram organizadas de modo adequado pereceram e perecem, assim como Empédocles afirma referindo-se aos bois de face humana".

6. O policronismo

Chegamos à teoria da pluralidade dos tempos. Como escreve de modo perfeito Jankélévitch justamente a propósito do pensamento do secretário florentino:

> A ocasião não é o instante de um devir solitário, mas o instante complicado pelo "policronismo", isto é, pelo esporadismo e pelo plural de durações. Se, no lugar de escandir medidas diferentes, as durações fossem acordadas entre elas por uma harmonia imemorialmente pré-estabelecida, ou se, no lugar de alguma vez acordarem-se, elas formassem entre elas uma cacofonia absolutamente informe, não haveria lugar para a ocasião. A miraculosa ocasião agarra-se à polimetria e à poliritmia, assim como à interferência momentânea dos devires.[71]

Se tomamos a célebre carta spinozana sobre o infinito, descobriremos que os termos fundamentais da ontologia spinozana, a substância e os modos, são inteiramente traduzíveis em termos temporais: a temporalidade da substância é a eternidade, enquanto a temporalidade do modo é a duração. O tempo introduz-se doravante como medida das

---

[71] JANKELEVITCH, Vladimir. *Le Je-ne-sais-quoi et le Presque-rien, I. La manière et l'occasion*. Paris: Éditions du Seuil, 1980, p. 117. Devo a Paulo Barone o achado desta esplêndida passagem.

CAPÍTULO I - A CIÊNCIA DAS *CONNEXIONES* SINGULARES

durações. Para compreender a articulação spinozana entre duração e tempo, é necessário referir-se à teoria cartesiana do espaço e do tempo, exposta nos *Princípios de filosofia*. O *enjeu* teórico que comanda, pela sua extraordinária força e audácia, todos os outros é aquele que declara a identidade entre substância corpórea e extensão: não se dá extensão que não tenha corpo. Disto segue-se:

    - a negação do vazio, uma vez que a sua existência constituiria uma contradição em termos, isto é, um espaço sem substância;

    - que o lugar interno identifica-se com o espaço que o corpo ocupa.

A negação do vazio e a identificação entre lugar e espaço ocupado pelo corpo (unidos, naturalmente, à recusa do universo finito e do espaço qualitativo de Aristóteles) conduzem Descartes a afirmar a relatividade de todo movimento, sendo cada um deles mensurável em relação ao outro e nenhum deles imóvel:

> Quando, por exemplo, um navio promove-se no mar, alguém que senta na popa permanece sempre num lugar, se se tiver a proporção das partes do navio entre as quais ele conserva a mesma situação; & ele muda continuamente o mesmo lugar, se se tiver a proporção dos litorais, uma vez que continuamente recua de uns & aproxima-se de outros. E, ademais, se pensarmos que a terra se move, e tanto procede precisamente do Ocidente ao Oriente, quanto entrementes o navio promove-se do Oriente ao Ocidente, diremos que, pelo contrário, aquele que senta na popa não muda o seu lugar: pois justamente tomamos a determinação do lugar a partir de alguns pontos do céu. Entretanto, se, por fim, pensarmos que nem um de tais pontos de fato acham-se imóveis no universo, como abaixo se mostrará ser provável, daí concluiremos que não há nem um lugar permanente nessas coisas, senão enquanto se determina pelo nosso pensamento.[72]

---

[72] DESCARTES, Rene. *Principia Philosophiae*, II, §13 (*AT* VIII : 47): "Ut, cùm navis in mari provehitur, qui sedet in puppi manet semper uno in loco, si ratio habeatur partium navis inter quas eundem situm servat; & ille idem assiduè locum mutat,

A relatividade de cada posição espacial vale também para a dimensão temporal: no plano ontológico dá-se uma multiplicidade de durações[73]. O tempo não é senão a medida dessas durações sobre a base de uma duração regular: o movimento dos planetas.

Se tomamos, pois, o conceito de situação no sentido leibniziano, conceito que acrescenta ao conceito cartesiano de lugar a ordenada temporal, podemos dizer que as referências espaço-temporais de um corpo não podem ser dadas a respeito de um sistema de referência absoluta, mas somente a respeito do lugar e da duração de outros corpos. A afirmação de uma contemporaneidade absoluta da *res extensa* a respeito de si mesma seria, pois, privada de sentido; ela implicaria a afirmação de um ponto de referência imóvel e, portanto, externo a ela.

Decerto, a audácia dessa posição filosófica é atenuada por uma outra teoria presente em Descartes: como escreveu Feuerbach na sua *História da filosofia moderna*: "Descartes, der Theolog, und Descartes, der Philosoph, sind mit einander im Kampfe".[74][75] Refiro-me à teoria da criação continuada que dá lugar a uma concepção do tempo totalmente diferente com respeito ao tempo da *res extensa*. Deus recria, de fato, a cada instante o mundo:

---

si ratio littorum habeatur, quoniam assiduè ab unis recedit & ad alia accedit. Ac praeterea, si putemus terram moveri, tantumque praecisè procedere ab Occidente versus Orientem, quantum navis interim ex Oriente in Occidentem promovetur, dicemus rursus illum qui sedet in puppi, locum suum non mutare: quia nempe loci determinationem ab immotis quibusdam coeli punctis desumemus. Sed si tandem cogitemus, nulla ejusmodi puncta verè immota in universo reperiri, ut probabile esse infrà ostendetur, inde concludemus nullum esse permanentem ullius rei locum, nisi quatenus à cogitatione nostrâ determinatur".

73 Segundo Descartes, a duração não é nada além da consideração de uma coisa enquanto ela continua a ser ("quatenus esse perseverat") (*Principia Philosophiae*, I, 55) (*AT* VIII : 26). Cf.: a este propósito BEYSSADE, J.-M. *La philosophie première de Descartes: le temps et la cohérence de la métaphysique*. Paris: Flammarion, 1979.

74 FEUERBACH, Ludwig. *Geschichte der neuern Philosophie von Verulam bis B. Spinoza*. In: *Sämtliche Werke*, Band VIII, hrsg. von W. Bolin und F. Jodl. Stuttgart: Frommans Verlag, 1903, p. 297.

75 N.T.: "Descartes, o teólogo, e Descartes, o filósofo, estão em luta um com o outro".

CAPÍTULO I – A CIÊNCIA DAS *CONNEXIONES* SINGULARES

> Claramente entendemos que pode-se fazer que eu exista neste momento, no qual penso um algo e, todavia, que eu não exista proximamente no momento seguinte, no qual poderei pensar outro algo, se ocorrer que eu exista.[76]

As coisas criadas existem, assim, num tempo divisível em partes independentes, separáveis e contingentes. A criação divina, fruto de uma vontade transcendente, reinstitui sobre o abismo da *res extensa* tanto a contemporaneidade, a secção de essência, quanto a direção do tempo.

Spinoza, fazendo de Deus a causa imanente e não transcendente do mundo e da vontade um efeito e não uma causa, faz da temporalidade da *res extensa* a única temporalidade, estendendo-a também ao atributo do pensamento. A continuidade ou descontinuidade do tempo, que supõem tanto a série dos instantes contingentes quanto a vontade divina, dão lugar a uma teoria da temporalidade plural. A infinita multiplicidade das durações em Spinoza não é suscetível de totalização, uma vez que a eternidade não é o resultado da soma das durações, portanto, uma duração indefinida, nem a contração delas num eterno presente, *nunc stans* ou *tota simul*.[77] O conceito de *connexio* obriga-nos a um pensamento mais radical, isto é, a conceber as durações como efeitos de encontros de ritmos ao infinito: isto significa que a partir do conhecimento de uma duração existente nós podemos ascender àquele das durações existentes em relação com ela (que lhe estão ligadas), seja sob a forma abstrata e inadequada do tempo, que absolutiza um ritmo especial fazendo-o a medida de todos os outros, seja sob a forma de eternidade, concebendo de modo adequado a constituição relacional do tempo enquanto conexão complexa de durações e tomando distância de toda tentativa de ancoragem metafísica

---

[76] "Descartes pour [Arnauld], 4 juin 1648" (*AT* V : 193): "Perspicue intelligimus fieri posse ut existam hoc momento, quo unum quid cogito, & tamen ut non existam momento proxime sequenti quo aliud quid potero cogitare, si me existere contingat".

[77] Sobre isto cf.: MORFINO, Vittorio. *Il tempo e l'occasione. L'incontro Spinoza-Machiavelli*. Milano: LED, 2002, pp. 160-181.

do tempo na totalidade (para fazer-me claro, sob o modelo do escólio geral dos *Principia* de Newton, segundo o qual o tempo é constituído pela onipresença de Deus de modo tal que cada momento indivisível da duração dura em todo lugar). Então, não podem se dar simultaneidades e sucessões absolutas. Não há sucessões e simultaneidades senão em relação e por causa dos encontros individuais de ritmos, de relações de velocidade e de lentidão.

Se a essência da duração é, pois, relação, a eternidade não é o ponto de contração de todos os tempos, mas o princípio de objetividade dessa relação, que consiste tanto na sua necessidade (na sua inteligibilidade) quanto na proibição de projetar sobre a totalidade a temporalidade modal através da ontologização dos *auxilia imaginationis,* isto é, do tempo, da medida e do número. O conhecimento *sub specie aeternitatis* não é senão o conhecimento de encontros e relações, conhecimento que deriva do conhecimento da totalidade enquanto causa imanente, mas que não é jamais conhecimento da eternidade em si mesma, visto que a substância não cai sob o intelecto infinito como um objeto entre os outros, mas como relação complexa de objetos (isto é, como *connexio*). Em outras palavras, a eternidade da substância sendo a estrutura imanente dos encontros dos modos que duram, ela jamais se dá a ver em presença, como no saber absoluto da *Fenomenologia do Espírito,* mas somente no entrelaçar finito de um fragmento de eternidade (que é eterno precisamente porque é liberado de toda e qualquer hipostatização do tempo, isto é, de toda e qualquer imagem antropomórfica da eternidade).

Essa concepção da pluralidade dos tempos já tinha sido esboçada por Agostinho nas *Confissões* com o escopo de criticar a redução do tempo ao movimento:

> Ouvi de certo homem douto que os próprios tempos são o movimento do sol, da lua e dos astros, e não anuí. Por que os tempos, com efeito, antes não seriam os movimentos de todos os corpos? Acaso, de fato, se tivessem cessado as luzes do céu e tivesse se movido a roda do fígulo, não haveria tempo, pelo qual mediríamos esses giros e diríamos ou que agem com mórulas

CAPÍTULO I - A CIÊNCIA DAS *CONNEXIONES* SINGULARES

iguais, ou, se alguns se movessem mais retardados e outros mais velozes, que uns seriam mais duráveis e outros menos?[78]

O argumento agostiniano é funcional para a afirmação da espiritualidade do tempo. Spinoza, sob a escolta de um outro grande mestre, Maquiavel, leva a sério essa objeção e aceita as consequências; como escreve Laurent Gerbier, a respeito do secretário florentino: "tout mouvement, toute opération, toute tension effectué dans le monde engendre effectivement son temps propre; et c'est de cette multiplicité des temps qu'il faut comprendre les articulations".[79] [80] Em Spinoza, a multiplicidade dos tempos constitui um entrelaçar complexo irredutível à simplicidade de uma essência, a uma simultaneidade dotada de um centro. O sincrônico sobre o qual fala Althusser é o conhecimento desse entrelaçar irredutível a uma interioridade simples, é o conhecimento de Deus através do conhecimento das coisas singulares, como recita a proposição na qual Goethe lia o coração e o segredo do spinozismo.[81]

---

[78] AGOSTINHO, *Confissões*, XI 23: "Audivi a quodam homine docto, quod solis et lunae ac siderum motus ipsa sint tempora, et non adnui. Cur enim non potius omnium corporum motus sint tempora? An vero, si cessarent caeli lumina et moveretur rota figuli, non esset tempus, quo metiremur eos gyros et diceremus aut aequalibus morulis agi, aut si alias tardius, alias velocius moveretur, alios magis diuturnos esse, alios minus?"

[79] GERBIER, Laurent. *Histoire, médecine et politique. Les figures du temps dans le "Prince" et les "Discours" de Machiavel*, thèse de doctorat sous la direction de B. Pinchard, 1999, p. 23.

[80] N.T.: "todo movimento, toda operação, toda tensão efetuada no mundo engendra efetivamente seu tempo próprio; e é desta multiplicidade de tempos que é preciso compreender as articulações".

[81] "Quando você diz que só se pode crer em Deus, digo-lhe que penso como muito importante a observação e quando Spinoza fala da *scientia intuitiva* e diz: *Hoc conoscendi genus procedit ab adaequata idea essentiae formalis quorumdam dei attributorum ad adaequatam cognitionem essentiae rerum*, estas poucas palavras dão-me coragem para dedicar a minha vida inteira à observação das coisas que posso alcançar e que da *essentia formalis* posso fazer-me uma ideia adequada, sem minimamente preocupar-me o quão longe me lançarei e do que me é interditado". ("J. W. Goethe a F.H. Jacobi, 5 de maio de 1786". *In*: Goethe, J. W. *Gedankenausgabe der Werke, Briefe Gespräche*, Band XVIII, herausgegeben von E. Beutler. Zürich: Artemis Verlag, 1949, p. 924).

O tempo não é de algum modo uma qualidade que permeia por si o entrelaçar das coisas, ele é este entrelaçar mesmo, como escreve Lucrécio em alguns versos de fundamental importância:

> Além da inânia e dos corpos, pois, nenhuma terceira [coisa] por si
> pode deixar-se contar na natureza das coisas
> (...)
> Igualmente, o tempo não é por si, mas pelas próprias coisas
> segue junto aos sentidos, algo é transpassado no evo,
> então a coisa entrementes insta, o que, evidentemente, doravante se segue;
> e não é admissível que alguém sinta o tempo por si
> demovido do movimento das coisas e em plácido repouso.
> (...)
> para você poder perspicar inteiramente que todos os feitos
> não constam nem são por si assim como o corpo,
> nem existem pela mesma razão pela qual consta a inânia,
> antes para você justamente poder chamar de eventos
> do corpo e do lugar, onde todas as coisas geram-se.[82]

7. A eternidade do povo hebraico

Agora podemos explicar as duas passagens althusserianas com relação a Spinoza: o povo hebraico como objeto do terceiro gênero de conhecimento e a eternidade como sincrônico, compreendendo por sincrônico não o ponto de indistinção dos tempos, mas a lógica da sua articulação.

Fora dito que o que o exemplo do quarto proporcional nos comunica em relação aos três gêneros de conhecimento, além das dificuldades que ele implica, é o fato que estes têm em vista não o conhecimento de objetos diversos, mas sim o conhecimento do mesmo objeto

---

[82] *D.R.N.* I, 445-482.

CAPÍTULO I - A CIÊNCIA DAS *CONNEXIONES* SINGULARES

observado de modo diverso. Agora, de que modo o objeto 'povo hebraico' responderia a esse requisito fundamental? O povo hebraico é conhecido através da imaginação, como objeto do primeiro gênero de conhecimento, no Livro que funda o tempo da memória no coração mesmo do ser; através da razão, como objeto do segundo gênero do conhecimento, aplicando aos traços materiais da memória (subtraídos da voracidade do tempo) as noções comuns da crítica histórica e da teoria política (capítulos VII e XVI do *TTP*); enfim, através da ciência intuitiva, como objeto do terceiro gênero de conhecimento, na história singular de um povo dentre outros, no jogo das relações, dos encontros e das temporalidades plurais (o jogo da *virtù* e fortuna) que nele produziram a duração (capítulos XVII e XVIII do *TTP*). Paolo Cristofolini propôs considerar como objeto do terceiro gênero de conhecimento a Terceira Parte da *Ethica*, o *De affectibus*. De minha parte, penso que a teoria das paixões seja uma construção do segundo gênero de conhecimento: nisto as paixões são observadas como propriedades comuns dos corpos políticos, os corpos mistos, diria Maquiavel, e que só na história singular de um povo essas paixões têm uma essência singular, ou melhor, encontram-se entrelaçar numa *connexio singularis* e, assim, elas são objetos do terceiro gênero. O que seria a história do povo hebraico senão a história dos encontros que o geraram, das relações que o constituíram e dos sucessivos encontros que o enfraqueceram e depois o destruíram? E o que seria essa história real (no sentido maquiaveliano, ir-se à verdade efetual e não à imaginação da coisa) senão a desconstrução da temporalidade absoluta do mito da fundação (de Moisés) e da eleição divina, que instaura uma origem e dá uma medida à multiplicidade e ao entrelaçar das temporalidades mundanas (isto é, que organiza os diferentes ritmos da vida social através do calendário divino dos rituais)?[83] Rompendo com a imaginação/memória do mito do Livro e do povo eleito, é possível esclarecer a relação complexa das durações, a sua *connexio* singular; ou seja, é possível conhecer a história real *sub specie aeternitatis*, além de toda e qualquer tentativa de totalização de uma

---

[83] Para uma leitura dos capítulos do *TTP* sobre a história hebraica comparados com a interpretação maquiaveliana da história romana, cf.: MORFINO, Vittorio. *Il tempo e l'occasione. L'incontro Spinoza-Machiavelli*. Milano: LED, 2002, pp. 207-230.

história singular. A eternidade é, portanto, ao mesmo tempo princípio de inteligibilidade da *trama* das durações e proibição de projeção da imaginária cronologia humana sobre a totalidade e o terceiro gênero de conhecimento é ciência das *connexiones singulares*, daquela trama de relações necessárias geradas por um encontro aleatório. Seguindo Althusser na difícil via do conceito, chegamos, portanto, a uma conclusão paradoxal: a eternidade é relatividade, e o conhecimento *sub specie aeternitatis* é relativização do tempo absoluto da memória de um sujeito (um povo) que crê possuir o sentido do ser, produção do conceito da pluralidade de durações reais que sustentam essa imaginação identitária. O conhecimento do povo hebraico enquanto *connexio singularis* é o conhecimento de um fragmento de eternidade.

CAPÍTULO II
ONTOLOGIA DA RELAÇÃO E MATERIALISMO DA CONTINGÊNCIA: AS PAIXÕES COMO RELAÇÕES EM SPINOZA

A questão de uma ontologia da relação foi soerguida por Étienne Balibar num texto de 1993 sobre Marx e, mais precisamente, no comentário sobre a 6ª tese sobre Feuerbach que, como sabemos, enuncia:

> Feuerbach resolve a essência religiosa na essência humana. Todavia, a essência humana não é habitante num indivíduo abstrato. Em sua realidade-efetiva ela é o *ensemble* ["conjunto"] de relações sociais. (...)[84]

A essência humana é *das ensemble der gesellschaftlichen Verhältnisse*. Marx refuta, segundo Balibar, tanto a posição nominalista quanto a posição realista:

---

[84] MARX, Karl. *Ad Feuerbach. In:* MEGA, Band 3. Berlin: Dietz Verlag, 1998: "Feuerbach löst das religiöse Wesen in das menschliche Wesen auf. Aber das menschliche Wesen ist kein dem einzelnen Individuum inwohnendes Abstraktum. In seiner Wirklichkeit ist es das ensemble der gesellschaftlichen Verhältnisse. (...)".

(...) aquela que quer que o gênero, ou a essência, preceda a existência dos indivíduos, e aquela que quer que os indivíduos sejam a realidade primeira, a partir da qual se "abstrai" os universais.[85]

O único conteúdo efetivo da essência humana estaria nas múltiplas relações que os indivíduos entreveem entre si. Balibar considera que assim Marx toma distância tanto do ponto de vista individualista quanto do organicista (holístico). Esta é a razão pela qual Marx usa o termo francês "ensemble" e não o alemão "das Ganze". Com o objetivo de tornar ainda mais clara a questão, Balibar propõe utilizar uma palavra de Simondon a fim de pensar o conceito de humanidade nos termos marxianos: *o transindividual*.[86] A humanidade seria, pois, o que existe *entre* os indivíduos.

Em Marx estaria presente, pois, em esboço uma *ontologia da relação*: a sociedade seria constituída/atravessada por uma multiplicidade de relações, isto é, de "transformações, transferências, passagens nas quais se faz e se desfaz o ligame dos indivíduos com a comunidade, que, por sua vez, os constitui".[87] Balibar conclui: "as relações das quais falamos não são senão práticas diferenciadas, ações singulares dos indivíduos uns sobre os outros".[88]

---

[85] BALIBAR, Étienne. *La philosophie de Marx*. Paris: Éditions La Découverte, 2001, p. 30.

[86] SIMONDON, Gilbert. *L'individuation psychique et collective*. Paris: Aubier, 1989.

[87] BALIBAR, Étienne. *La philosophie de Marx*. Paris: Éditions La Découverte, 2001.

[88] BALIBAR, Étienne. *La philosophie de Marx*. Paris: Éditions La Découverte, 2001, p. 31. Parece-me que Balibar põe novamente uma instituição fundamental de Althusser que em *Ler O Capital* escrevera: "(...) a estrutura das relações de produção determina *lugares* e *funções* que são ocupados e assumidos pelos agentes da produção, que nunca são somente os ocupantes destes lugares, na medida em que eles são os 'portadores' (Träger) destas funções. Os verdadeiros 'sujeitos' (no sentido de sujeitos constituintes do processo) não são, pois, esses ocupantes nem esses funcionários, não são, pois, contrariamente a todas as aparências, as 'evidências' do 'dado' da antropologia ingênua, os 'indivíduos concretos', os 'homens reais', - mas *a definição e a distribuição destes lugares e destas funções. Os verdadeiros*

CAPÍTULO II – ONTOLOGIA DA RELAÇÃO E MATERIALISMO DA CONTINGÊNCIA: AS PAIXÕES COMO RELAÇÕES EM SPINOZA

1. A expressão "ontologia da relação"

Detenhamo-nos, em primeiro lugar, brevemente sobre os termos. Ao contrário daquilo que se poderia pensar, o termo ontologia tem uma origem bastante recente: após Glocenius e Calovius que muito provavelmente cunharam o termo, foi Christian Wolff quem o canonizou em sua *Philosophia prima sive Ontologia methodo scientifica pertracta* (1728). Todavia, se a cunhagem do termo é recente, o conceito que indica pode nos fazer voltar à ciência aristotélica do ser enquanto ser, ou seja, à ciência que estuda as características fundamentais de todo ser e, então, enquanto precede todos os outros saberes. No fundamento do discurso ontológico assim compreendido, de Aristóteles a Tomás, de Tomás à escolástica quinhentista e até Wolff, está o conceito de substância: é um fato histórico constitutivo da tradição ocidental enquanto tal que a sintaxe do discurso ontológico tenha estabelecido o indiscutível primado do conceito de substância a respeito das outras características do ser, assim como a fundamental regra da inerência destas a respeito dela. O princípio primeiro da ontologia, o princípio de não-contradição, garante justamente, de um lado, a unidade idêntica a si da substância e, de outro, as condições de possibilidade da predicação. O discurso sobre o ser foi, portanto, historicamente o discurso sobre a substância (não é talvez inútil recordar que *ousa* é particípio presente feminino de *einai*).

Quanto à relação, é certamente na tradição aristotélica que se deve olhar para encontrar o tratamento mais amplo e aprofundado. No *corpus aristotelicum* encontramos dois lugares privilegiados nos quais o argumento é tratado: nas *Categorias* e na *Metafísica*.

Nas *Categorias*, Aristóteles dedica um amplo tratamento para a categoria de relação, tratamento que tem a particularidade de exceder o próprio espaço específico a fim de emergir de modo velado ou explícito também no tratamento de outras categorias. A definição aristotélica de noções relativas é a seguinte: "Dizem-se relativas tais coisas, tantas quantas

---

'sujeitos' são, portanto, esses definidores e esses distribuidores: as relações de produção (e as relações sociais políticas e ideológicas)." (Althusser, L. *et alii*. *Lire Le Capital*. Paris: PUF, 1996, p. 393.)

se dizem elas, o que são, serem de outras, ou [as coisas] de alguma outra maneira relativas a outra coisa".[89] Como dirão os escolásticos, a especificidade da categoria de relação consiste no fato de que o seu *in esse* é, ao mesmo tempo, um *esse ad*, isto é, no fato de que o seu inerir a uma substância é, ao mesmo tempo, uma remissão a uma outra substância. Justamente essa remissão, contudo, será problemática no interior de uma lógica sujeito-predicado: a relação não pode ser um acidente inerente, ao mesmo tempo, a ambas as substâncias relatas. De Avicena até Leibniz será reafirmada a proibição de pensar que "unum accidens sit in duobus subiectis"[90] [91] e a relação será pensada sob a forma da inerência de dois acidentes a duas substâncias relatas. Somente no final dos oitocentos esse problema encontrará uma solução com os desenvolvimentos da lógica propostos por De Morgan, Peirce, Russell e Whitehead.

Na *Metafísica* Δ 15 encontramos, em contrapartida, uma partição muito precisa dos diversos tipos de relação:

> Certas coisas se denominam *em relação a algo* como o dobro em relação à metade, ou como o triplo em relação à terça-parte, e, em geral, como o que é x-vezes em relação ao que é uma x-parte [dele], e como o excedente em relação ao excedido. Outras coisas assim se denominam como aquilo que esquenta em relação ao que é suscetível de ser esquentado, o cortante em relação ao cortável, e, em geral, o eficiente em relação ao padecente. Outras, como o mensurável em relação à medida, o cognoscível em relação ao conhecimento e o sensível em relação à sensação.[92]

---

[89] ARISTÓTELES. *Categorias*. São Paulo: Editora Unesp. 2019, pp. 36-37.

[90] AVICENNA. *Liber de philosophie prima sive scientia divina I-IV*. Édition critique de la traduction latine médiévale par S. Van Riet. Louvain/Leiden: E. Peeters/E. J. Brill, 1977, 177: 93: "Nullo modo putes quod unum accidens sit in duobus subiectis (…)." ["Não pense de maneira nenhuma que um acidente esteja em dois sujeitos (…)"].

[91] N.T.: "um acidente seja em dois sujeitos."

[92] ARISTÓTELES. "Metafísica V". Trad. Lucas Angioni. *Dissertatio*, Pelotas, vol. 46. 2017, p. 180.

CAPÍTULO II – ONTOLOGIA DA RELAÇÃO E MATERIALISMO DA CONTINGÊNCIA: AS PAIXÕES COMO RELAÇÕES EM SPINOZA

Num estudo dedicado à questão das relações no medievo, Henninger propôs traduzir essa partição nos termos de relações matemáticas, causais e psicológicas. Malgrado os riscos implícitos de uma tradução desse gênero, ela pode ser mantida presente, contudo, em nível geral e esquemático.[93]

Esses lugares aristotélicos constituíram a base textual sobre a qual é exercitada a interpretação antiga e medieval na tentativa de responder à questão do estatuto das relações: justamente este exercício de Tomás a Duns Scotus, de Ockham a Pietro Aureolo exibiu algumas das variantes fundamentais da questão;[94] mas não a afirmação da existência puramente mental das relações, afirmação que é estranha à tradição aristotélica e parece ter sido sustentada na Grécia pelos estoicos e no medievo pelos teólogos do *kalam*, os *mutakallimun*.[95]

Todavia, o que entende Balibar quando fala de ontologia da relação? Pode-se entender a expressão de dois modos: num sentido mais fraco como um discurso sobre o ser que dê particular atenção à questão das relações ou, num sentido mais forte e radical, deixando estridente o verdadeiro e próprio oximoro forjado por Balibar, como um discurso sobre o ser no qual venha invertida a relação tradicional entre substância e relação. É essa segunda via que se intenta seguir buscando mesurar o quanto dela se pode percorrer.

---

[93] HENNINGER, M. G. *Relations. Medieval Theories 1250-1325*. Oxford: Clarendon Press, 1989, p. 6.

[94] Para um esquema eficaz das diferentes variantes, cf.: HENNINGER, M. G. *Relations. Medieval Theories 1250-1325*. Oxford: Clarendon Press, 1989, p. 180.

[95] HENNINGER, M. G. *Relations. Medieval Theories 1250-1325*. Oxford: Clarendon Press, 1989, p. 174: "A despeito da variedade das teorias, ninguém sustenta que relações reais são completamente dependentes da mente." ["Despite the variety of theories, no one held that real relations are completely mind dependent."]

2. A categoria de relação: determinação intrínseca ou extrínseca

Antes de afrontar a difícil questão da possibilidade da inversão da hierarquia das categorias de substância e de relação, é necessário fixar o ponto de divergência das duas tendências teóricas fundamentais a respeito da questão da relação: existência mental ou real da relação. Antes que a alternativa se pusesse em termos tão radicais no amanhecer da época moderna no cruzamento Leibniz-Locke, houve toda uma série de posições intermediárias exploradas entre a idade antiga e o medievo. Não é esse, todavia, o lugar para percorrer essa longa história cujo caminho encontra também a questão cristã da trindade.[96] A respeito desse percurso histórico, a oposição Leibniz-Locke tem uma autossuficiência teórica; ela desenha uma alternativa radical e, nesse sentido, paradigmática: objetividade das relações fundada sobre sua realidade ontológica ou arbitrariedade destas, como consequência de seu ser puramente mental.

Em *Um Ensaio sobre o Entendimento Humano*, Locke distingue as ideias complexas em ideias de modos, de substância e de relação. As ideias de relação têm um estatuto particular, elas não dizem respeito diretamente às coisas: "Além das *Ideias*, se simples ou complexas, que a Mente tem das Coisas, como elas são em si mesmas, há outras que ela obtém de sua comparação uma com a outra".[97] Daqui a definição de relação:

---

[96] HENNINGER, M. G. *Relations. Medieval Theories 1250-1325*. Oxford: Clarendon Press, 1989, p. 01. "O pensador cristão seguiu Agostinho ao falar sobre três pessoas como constituídas de alguma maneira pelas suas relações uma com a outra. Quando os escritos de Aristóteles tornaram-se disponíveis para o ocidente no século 13, muitos buscaram entender mais claramente a doutrina da trindade adaptando alguns dos pensamentos de Aristóteles sobre as relações". ["Christian thinker followed Augustine in speaking of three persons as constituted in some way by their relations to one another. As the writings of Aristotle became available to the West in the thirteenth century, many sought to understand more clearly the doctrine of the Trinity by adapting some of Aristotle's thoughts on relations".]

[97] LOCKE, John. *An Essay Concerning Human Understanding*. In four books. London: Awnsham & Churchill, 1700, p. 173: "Besides the *Ideas*, whether simple or complex, that the Mind has of Things, as they are in themselves, there are others it gets from their comparison on with another."

CAPÍTULO II – ONTOLOGIA DA RELAÇÃO E MATERIALISMO DA CONTINGÊNCIA: AS PAIXÕES COMO RELAÇÕES EM SPINOZA

Quando a mente assim considera uma coisa de maneira a avizinhá-la de uma outra e confrontá-la com aquela e traz sua visão de uma à outra, é isto, como significam as palavras, *relação* e *a respeito de* (...).[98]

Continua Locke:

A natureza da relação consiste, pois, em referir ou comparar duas coisas uma com a outra; por cuja comparação uma ou ambas vêm a ser denominadas. E se uma dessas coisas for removida, ou cessa de ser, a relação cessa, e a denominação consequente dela, embora a outra não receba em si nenhuma alteração: p. ex., Caio, quem considero hoje como um pai, cessa de sê-lo amanhã, somente pela morte de seu filho, sem nenhuma alteração feita nele mesmo. Mais que isso, apenas a mente mudando o objeto com o qual compara alguma coisa, a mesma coisa é capaz de ter denominações contrárias ao mesmo tempo: p. ex., Caio, comparado com muitas pessoas, pode ser dito verdadeiramente ser mais velho ou mais jovem, mais forte ou mais fraco *etc*.[99]

Disso, Locke traz algumas consequências:

---

[98] LOCKE, John. *An Essay Concerning Human Understanding*. In four books. London: Awnsham & Churchill, 1700, p. 173. "When mind so considers on thing, that it does, as it were, bring it to, and set it by another, and carries its view from one to the other – this is, as the words import, *relation* and *respect*; (...)."

[99] LOCKE, John. *An Essay Concerning Human Understanding*. In four books. London: Awnsham & Churchill, 1700, p. 174. "*The nature* therefore *of relation* consists in the referring, or comparing two things one to another; from which comparison one or both comes to be denominated. And if either of those things be removed, or cease to be, the relation ceases, and the Denomination consequent to it, though the other receive in itself no alteration at all: *v.g. Caius*, whom I consider today as a Father, ceases to be so to morrow [sic], only by the death of his son, without any alteration made in himself. Nay, barely by the Mind's changing the Object to which it compares anything, the same thing is capable of having contrary Denominations at the same time: *v.g. Caius*, compared to several Persons, may be truly be said to be Older and Younger, Stronger and Weaker, *&c*.".

1) dá-se um número infinito de relações para cada coisa, pois é infinito o modo pelo qual podem ser confrontadas as coisas;

2) não estando a relação "contida na existência real das coisas", frequentemente as ideias de relação são mais claras que as ideias de substância às quais se referem;

3) terminam todas nas ideias simples de sensação e de reflexão que constituem os materiais de todo o nosso conhecimento.[100]

Em suma: relativa característica arbitrária das relações, no sentido em que são o fruto de um confronto exterior, mas que este deve encontrar apoio nos materiais que são oferecidos ao nosso conhecimento pela percepção ou pela reflexão.

Chegamos agora às teses leibnizianas sobre as relações. Leibniz parece, num primeiro nível, conformar-se com a definição lockeana de relação: tem-se relação quando duas coisas são pensadas contemporaneamente, ou seja, a relação é o pensar junto dois objetos. Nesse sentido, a relação não é senão a copresença de uma série de objetos na mente de um dado sujeito.[101] Todavia, justamente ao comentar a teoria lockeana da relação, Leibniz mostra a especificidade da sua. Nos *Novos Ensaios*, reproduz a posição de Locke sob a máscara de Filalete ("Pode ter aí, contudo, uma mudança de relação, sem que aconteça qualquer mudança no sujeito. Tício, que considero hoje como pai, cessa de sê-lo amanhã, sem que se faça alguma mudança nele, por somente

---

[100] Locke fornece também uma classificação das relações:
1) a relação mais abrangente é aquela de causa-efeito, depois identidade-diferença (ocasiões de confronto do tempo, lugar e causalidade);
2) relação proporcional (mais branco, mais doce, igual etc.);
3) relações naturais (pai-filho/primos/conterrâneos = circunstância da origem);
4) relações-instituídas ou voluntárias (general-exército / cidadão-privilégios num dado lugar);
5) relações morais (concordância ou discordância de uma ação com uma norma).

[101] Cf.: MUGNAI, Massimo. *Astrazione e realtà*. Milano: Feltrinelli, 1976, pp. 139-158.

CAPÍTULO II – ONTOLOGIA DA RELAÇÃO E MATERIALISMO DA CONTINGÊNCIA: AS PAIXÕES COMO RELAÇÕES EM SPINOZA

que seu filho acaba de morrer.")[102] para, em seguida, contradizê-la nas vestes de Teófilo:

> Isso se pode muito bem dizer seguindo as coisas que se apercebe; embora no rigor da metafísica seja verdadeiro que não há nenhuma denominação inteiramente exterior (*denominatio pure extrinseca*), por causa da conexão real de todas as coisas.[103]

Se se passa, então, de um olhar superficial a um olhar profundo, isto é, que vai além dos nexos dos quais temos consciência, não existem denominações extrínsecas que não sejam fundadas numa denominação intrínseca;[104] do ponto de vista metafísico toda relação é fundada na

---

[102] LEIBNIZ, Gottfried. Wilhelm. *Nouveaux Essais In:* GP, Bd. V, pp. 210-211: "Il peut y avoir pourtant un changement de relation, sans qu'il arrive aucun changement dans le sujet. Titius, que je considere aujourdhuy comme pere, cesse de l'estre demain, sans qu'il se fasse aucun changement en luy, par cela seul que son fils vient à mourir." [*sic*]

[103] LEIBNIZ, Gottfried. Wilhelm. *Nouveaux Essais In:* GP, Bd. V, p. 211: "Cela se peut fort bien dire suivant les choses dont on s'apperçoit; quoyque dans la rigueur metaphysique il soit vray, qu'il n'y a point de denomination entierement exterieur (denominatio pure extrinseca) à cause de la connexion reelle de toutes choses." [*sic*]

[104] Sven Knebel reconstruiu brevemente a ruptura leibniziana a respeito da teoria escolástica das determinações intrínsecas e extrínsecas. Para a escolástica, uma determinação intrínseca inere ao sujeito ("est per inhaerentiam" ["é por inerência"]), ao passo que a extrínseca "non est per inhaerentiam vel per aliquid quod faciat unum suppositum cum eo, de quo dicitur" ["não é por inerência ou por algo que faça um suposto com ele, do qual se diz"]. Um exemplo da primeira é "o muro é branco", da segunda "o muro é visto". Isso implica que a denominação extrínseca de uma coisa é sempre intrínseca a uma outra ("est... advertendum, semper eam rem, quae extrinsecus aliam denominat, esse intrinsece in aliqua re." ["deve-se observar que sempre aquela coisa que denomina extrinsecamente outra, é intrinsecamente noutra coisa."]. A ruptura leibniziana consiste no fato de que a determinação extrínseca não é intrínseca a um outro sujeito, mas ao mesmo tempo sujeito: "Sequitur etiam nullas dari denominationes pure extrinsecas, quae nullum prorsus habeant fudamentum in ipsa re denominata." ["Segue-se também que não se dão denominações puramente extrínsecas, as quais, de fato, não tenham nenhum fundamento na própria coisa denominada."] (A. VI, 4, p. 1645). Cf.: Knebel, S. K. "Intrinsic and extrinsic denomination: what makes Leibniz's

interioridade da substância e nenhuma pode lhe ser exterior: a teoria da harmonia preestabelecida afirma precisamente que toda forma de mudança numa substância encontra uma forma de correspondência, ciente ou insciente. Lugar paradigmático dessa omnirelacionalidade do real é a teoria leibniziana do espaço e do tempo. Longe de serem as coordenadas preexistentes aos objetos, essas são as relações de ordem das coisas. Escreve Leibniz na célebre correspondência com o newtoniano Clarke:

> Para mim, eu ressaltei mais de uma vez que tenho o Espaço por algo de puramente relativo, como o Tempo; por uma ordem das Coexistências, como o tempo é uma ordem de sucessões.[105]

De fundamental importância nessa teoria relacional do espaço-tempo é o conceito de situação que especifica a diversa ordem recíproca que, em seu coexistir, os objetos põem questão. Para Leibniz cada coisa existe numa situação, isto é, numa rede de relações. No interior dessa rede de relações tomam forma o espaço, o tempo e o agir e o padecer das coisas.

3. A categoria de substância como relação

Os opostos êxitos da filosofia moderna a respeito do problema das relações, por um lado, com Locke, existência puramente mental das relações, e, por outro, com Leibniz, constitutividade das relações a respeito da ordem do espaço-tempo, não põem em discussão um

---

departure from schoolmen so bewildering? *In: Nihil sine ratione.* VII Internationaler Leibniz-Kongress, Bd. II, pp. 615-619.

[105] LEIBNIZ, Gottfried Wilhelm. *Leibniz' drittes Schreiben [a Clarke] In: GP*, Bd. VII, p. 363: "Pour moy, j'ay marqué plus d'une fois, que je tenois l'Espace pour quelque chose de purement relatif, comme le Temps; pour un ordre des Coexistences, comme le temps est un ordre de successions."

CAPÍTULO II – ONTOLOGIA DA RELAÇÃO E MATERIALISMO DA CONTINGÊNCIA: AS PAIXÕES COMO RELAÇÕES EM SPINOZA

limite posto por Aristóteles nas *Categorias*: a possibilidade de conceber a substância como uma relação. Chegamos ao passo aristotélico em que vem discutida a possibilidade de pensar a substância como um conceito relativo:

> Existe, conforme parece, a dificuldade: ou nenhuma substância é dita ser dos relativos, ou isto se admite para algumas das substâncias segundas. Com efeito, para as substâncias primeiras, é verdadeiro, pois nem as inteiras, nem as partes se dizem relativas. Logo, o homem individual não se diz, a partir de alguma coisa, homem individual; (...) E, da mesma maneira, também quanto às partes, pois a mão individual não se diz mão individual, de alguma coisa, mas mão de algum (...). De maneira semelhante, também a respeito das substâncias segundas, ao menos em sua maior parte: o homem não se diz homem de alguma coisa (...), mas se diz propriedade de alguém. A respeito, portanto, das coisas desse tipo, é evidente que não são dos relativos, mas há discussão sobre algumas das substâncias segundas. Por exemplo, a cabeça se diz cabeça de alguma coisa; e a mão se diz mão de alguma coisa, e assim cada uma das coisas desse tipo.[106]

Aristóteles exclui de modo extremamente claro que as substâncias primeiras e a maior parte das substâncias segundas possam reentrar no novelo das relações. A dúvida que ele soerguia a propósito de algumas substâncias segundas o constrange a precisar a sua definição de relativo: este não deve ser compreendido como relativo *secundum dici* (neste caso, a cabeça é a cabeça do homem), mas *secundum esse*. Se se definem como relativos somente "os termos cujo ser não consiste em nada além de ser afetado por uma certa relação", poder-se-á resolver esta dúvida: com efeito, a característica dos termos relativos é que se se conhece um, deve-se conhecer também o outro, e, por que a mão, a cabeça *etc.* podem ser conhecidas sem que seja conhecido o objeto ao

---

[106] ARISTÓTELES. *Categorias*. São Paulo: Editora Unesp. 2019, pp. 150-151, 8a 13-27.

qual se referem, Aristóteles conclui que "(...) seria verdadeiro dizer que nenhuma substância pertence aos relativos".[107]

A proibição aristotélica de pensar as substâncias mesmas como relações é respeitada no debate medieval até os opostos êxitos modernos dos quais se falou: tanto Locke quanto Leibniz respeitam essa proibição. Locke separa, de fato, de modo claro o tratamento das ideias de substância e de relação: as primeiras são um agregado de qualidade, enquanto as segundas nascem no confronto das ideias. E o próprio Leibniz, que também atribui às relações a constituição da ordem espaço-temporal, não viola a proibição aristotélica: em Leibniz as relações espaço-temporais e de agir-padecer são fundadas na substância. A substância, como dizia Aristóteles, não pode ser uma relação. As relações são predicados que inerem ao sujeito: ser num dado lugar, ser num dado tempo, executar tal ação. As relações de ordem entre esses predicados-eventos constituem a ordem única espaço-temporal e causal da história, relações de ordem que têm o seu fundamento último na substância. A unidade da substância é, em última instância, garantia dessa ordem espaço-temporal e causal, visto que cada evento-predicado contém em si a totalidade de todos os eventos predicados presentes, passados e futuros.

O autor que parece ter tido a audácia de violar a proibição aristotélica foi Immanuel Kant, mesmo que seu discurso, como veremos, seja fortemente ambivalente. Por um lado, de fato, através da dedução metafísica das categorias do juízo, Kant põe entre as categorias da relação substância-acidente, causa-efeito e ação recíproca.[108] A categoria de

---

[107] ARISTÓTELES. *Categorias*. São Paulo: Editora Unesp. 2019, p. 153, 8b 20.

[108] "Nas analogias prossegue a tentativa de preencher o formalismo, já presente na discussão sobre as categorias da qualidade. As analogias deveriam estabelecer uma relação sempre mais clara com a experiência existencial: através das três categorias deveria determinar-se sempre melhor a situação empírica. Há, desse ponto de vista, entre a experiência e os modos de conexão no tempo compreendidos como esquemas, isomorfismo (...). O esquema dá-nos um modelo de permanência. A essa permanência, segundo a primeira analogia, vem reduzida a substância: a substância é, assim, uma forma determinada de permanência no processo. Mas a substância é também o consistir da pura temporalidade em determinações permanentes: permanência, sucessão e simultaneidade não são senão determinações da substância. A permanência é a 'substância do fenômeno, isto é, a sua realidade'. É digno de nota

CAPÍTULO II – ONTOLOGIA DA RELAÇÃO E MATERIALISMO DA CONTINGÊNCIA: AS PAIXÕES COMO RELAÇÕES EM SPINOZA

substância deve ser pensada, então, em relação com a categoria de acidente: o esquema que sintetiza dado e categoria é aquele da permanência através da substância e da mudança através dos acidentes. A permanência da substância deveria ser, então, sempre relativa: "a temporalidade" – escreve Paci – "constitui-se de forma finita caracterizada pela sua relativa permanência". Todavia, embora tendo intuído que as substâncias "não são realidades fechadas, mas momentos do processo ligados à modalidade do processo mesmo",[109] Kant tende a fixar essas formas em algo de estático e de irrelato. Essa tendência a fixar e imobilizar a substância deriva da absolutização e da substancialização do princípio de inércia. Se tomarmos a *Crítica da Razão Pura* e, particularmente, as analogias da experiência, proposições fundamentais que consideram a existência dos fenômenos e a sua relação recíproca, teremos aí a confirmação. Na primeira analogia, que diz respeito à substância, Kant escreve:

> Princípio da permanência da substância: Em toda modificação dos fenômenos permanece a substância, e seu *quantum* na natureza não é nem aumentado nem diminuído.[110]

Para Kant, o permanente é o substrato da representação empírica do tempo, sem ele não é possível pensar simultaneidade e sucessão:

> Eu creio que em todos os tempos não apenas o filósofo, mas também o entendimento comum pressupuseram essa permanência como um substrato de toda modificação dos fenômenos [*Erscheinungen*], e também o assumiram sempre como indubitável, com a

---

que o substrato, o sujeito vem reduzido por Kant a um modo da temporalidade e a uma relação: 'a permanência exprime, em geral, o tempo como relação constante de toda existência fenomênica'". (PACI, E. *Dall'esistenzialismo al relazionismo*. Messina-Firenze: D'Anna, 1959, p. 194).

[109] PACI, E. *Dall'esistenzialismo al relazionismo*. Messina-Firenze: D'Anna, 1959, p. 195.

[110] KANT, Immanuel. *Crítica da Razão Pura*. Bragança Paulista/Petrópolis: Editora Universitária São Francisco/Editora Vozes, 2012, p. 20.

diferença de que o filósofo se exprime de maneira um pouco mais precisa quanto a isso ao dizer: em todas as modificações no mundo a *substância* permanece, e apenas os *acidentes* mudam.[111]

A ambivalência é agora esclarecida: por um lado, Kant põe a categoria de substância entre as categorias de relação, fazendo dela uma relação temporal (uma relativa permanência a respeito da mudança), por outro, faz da substância o fundamento das relações, ou seja, a possibilidade da determinação das relações temporais de sucessão e simultaneidade. Isso torna-se explícito nesta passagem:

> (...) daí essa categoria estar também sob o título das relações, mais como a condição das mesmas do que no sentido de ela própria conter uma relação.[112]

As relações de causa e de ação recíproca são, pois, pensáveis através dos esquemas da sucessão e da simultaneidade e as analogias da experiência da conexão sucessiva e da interconexão, somente graças ao fato de que vem pressuposto um substrato permanente da experiência: a substância, o permanente como condição da própria temporalidade. Como escreve Paci:

> por um lado, Kant tende a resolver a substância de forma relacional de relativa permanência temporal e, por outro, não consegue a pôr sobre o plano da relacionalidade e retorna, assim, à velha lógica do sujeito e do predicado.[113]

---

[111] KANT, Immanuel. *Crítica da Razão Pura*. Bragança Paulista/Petrópolis: Editora Universitária São Francisco/Editora Vozes, 2012, p. 203.

[112] KANT, Immanuel. *Crítica da Razão Pura*. Bragança Paulista/Petrópolis: Editora Universitária São Francisco/Editora Vozes, 2012, p. 205.

[113] PACI, Enzo. *Dall'esistenzialismo al relazionismo*. Messina-Firenze: D'Anna, 1959, pp. 195-196.

CAPÍTULO II - ONTOLOGIA DA RELAÇÃO E MATERIALISMO DA CONTINGÊNCIA: AS PAIXÕES COMO RELAÇÕES EM SPINOZA

Também Kant parece, pois, respeitar a proibição aristotélica de pensar a substância como relação.

Se em Kant a substância é ao mesmo tempo relação e fundamento das relações, é com Hegel que a proibição aristotélica será finalmente infringida. É obrigatório aqui a referência à *Grande Lógica*, ao terceiro capítulo da terceira seção da *Doutrina da Essência*: a relação absoluta [*Das absolute Verhältnis*]. Nesse capítulo, Hegel põe a substância como última unidade do ser e da essência: é o ser em todo ser, que não deve ser concebido nem como 1) imediato irreflexo, nem como 2) abstrato que está antes da existência e do fenômeno. A substância é a totalidade que aparece: a acidentalidade. O movimento da acidentalidade é "a *atuosidade* da substância como *surgir quieto de si mesma*" [*ruhiges Hervorgehen ihrer selbst*].[114] Portanto, a substância não é senão uma "unité relationnelle en procès".[115] [116] Assim se exprime com clareza Hegel:

> A substância, como esta identidade do aparecer, é a totalidade do todo e compreende dentro de si a acidentalidade, e a acidentalidade é a própria substância. Sua diferença na *identidade simples do ser* e na *alternância dos acidentes* nela mesma é uma forma de sua aparência [*eine Form ihres Scheins*].[117]

Hegel enuncia nesse ponto uma tese de enorme importância: aquela "simples identidade do ser" não é senão a substância informe da "imaginação" [*Vorstellung*], do representar. Para ela, o aparecer, a ilusão,

---

[114] HEGEL, Georg Wilhelm Friedrich. *Wissenschaft der Logik. Erster Band: Die objective Logik. Zweites Buch: Die Lehre vom Wesen*. Hamburg: Felix Meiner Verlag, 2015, p. 394.

[115] BIARD, Joël. *et alii*. *Introduction à la lecture de la "Science de la Logique" de Hegel. Tome II*. Paris: Éditions Aubier, 1992, p. 346.

[116] N.T.: "unidade relacional em processo."

[117] HEGEL, Georg Wilhelm Friedrich. *Wissenschaft der Logik. Erster Band: Die objective Logik. Zweites Buch: Die Lehre vom Wesen*. Hamburg: Felix Meiner Verlag, 2015, p. 395.

não se é determinada como tal e, pois, fecha-se nesta "identidade indeterminada" como a um absoluto. Na realidade, a substância é potência absoluta [*absolute Macht*]:

> A substância manifesta-se com seu conteúdo através da efetividade, para a qual transpõe o possível, como potência *criadora*, e através da possibilidade, à qual ela reconduz o efetivo, como potência *destruidora*. Mas ambas são idênticas, o criar é destruidor, a destruição é criadora (...).[118]

Os acidentes não têm poder uns sobre os outros, estes são coisas dotadas de múltiplas propriedades, inteiros compostos de partes, partes por si estantes[119], forças: mas quando parece que algo de acidental exercita um poder sobre um outro, na realidade, é a substância que age. Ora, a substância como potência é precisamente o que media entre a substância como idêntico ser por si e a substância como totalidade dos acidentes:

> (...) esse *termo médio* é, com isso, a própria unidade da substancialidade e da acidentalidade, e seus *extremos* não têm subsistir peculiar algum. A substancialidade é, portanto, apenas a relação como imediatamente evanescente (...).[120]

Dissolvida a substância numa relacionalidade vertical (no sentido de que não há relações entre os acidentes), Hegel a pensará através da dialetização da causa e da ação recíproca, como pura relacionalidade

---

[118] HEGEL, Georg Wilhelm Friedrich. *Wissenschaft der Logik. Erster Band: Die objective Logik. Zweites Buch: Die Lehre vom Wesen*. Hamburg: Felix Meiner Verlag, 2015, p. 395.

[119] N.T.: Trata-se do particípio presente, no plural, do verbo "estar", no italiano *stanti*.

[120] HEGEL, Georg Wilhelm Friedrich. *Wissenschaft der Logik. Erster Band: Die objective Logik. Zweites Buch: Die Lehre vom Wesen*. Hamburg: Felix Meiner Verlag, 2015, p. 396.

CAPÍTULO II – ONTOLOGIA DA RELAÇÃO E MATERIALISMO DA CONTINGÊNCIA: AS PAIXÕES COMO RELAÇÕES EM SPINOZA

horizontal da qual emergirá o conceito. Podemos mesurar a importância do repensar hegeliano do conceito de substância observando o seu funcionamento sobre o plano da filosofia do direito na crítica ao contratualismo:

> Uma comunidade social ou política não pode, como os teóricos contratualistas sugerem, consistir somente em sujeitos, em indivíduos que constantemente são reflexivos em seus pensamentos e ações. Isso pressupõe um fundamento de relações e atividades irreflexas, nas quais as pessoas não se destacam como sujeitos individuais. (...) Esse fundamento é '(a) substância ética', aquilo que subjaz.[121]

4. Realidade das relações e primado das relações: uma posição idealista?

Nesse duplo percurso traçado, sem dúvida de modo arbitrário, através da tradição filosófica, chegamos, enfim, a individuar nas posições de Leibniz e de Hegel os instrumentos conceituais de uma ontologia da relação. Em Leibniz, as relações são constitutivas da realidade enquanto estrutura espaço-temporal dos fenômenos. Todavia, essas relações que estruturam o mundo assim como ele aparece necessitam de um duplo fundamento: por um lado, uma substância espiritual que permanece além da relação mesma, que não é constituída dela, e, por outro, o intelecto divino *sem o qual nada seria verdadeiro*.[122] Em Hegel, a

---

[121] INWOOD, Michael. *A Hegel Dictionary*. Oxford: Blackwell, 1992, p. 287: "A social or political community cannot, as contract theorists imply, consist only of subjects, of individuals who are constantly reflective in their thoughts and deeds. It presupposes a background of unreflective relationships and activities, in which people do not stand out as individual subjects. (...) This background is '(the) ethical substance', that which underlies".

[122] "As relações e as ordens têm alguma coisa do ser de razão, embora elas tenham seu fundamento nas coisas; pois pode-se dizer que sua realidade, como aquela das verdades eternas e das possibilidades, vem da suprema razão." ["Les relations et

substancialidade é dissolvida na mais radical relacionalidade e, contudo, esta relacionalidade não é puro jogo de ação e reação sem qualidade: ela é presença omnipervasiva de um tempo que não é constituído pela relação, mas que antes guia a relação; é contemporaneidade de um princípio imanente ao jogo das relações (a bela individualidade, a personalidade jurídica abstrata e assim por diante) que decide antecipadamente os desenvolvimentos aos quais o jogo de relações dá lugar; a obscuridade presente na *Wechselwirkung* tende à luz do conceito e este seu tender está inscrito *ab initio* no esquema da simultaneidade, grande metáfora temporal do espírito.[123]

Portanto, tanto Leibniz quanto Hegel parecem ter posto em termos radicais a questão das relações e, ao mesmo tempo, terem recuado diante das consequências extremas de tal posição: por um lado, a teoria da harmonia preestabelecida permite a Leibniz não pôr em jogo a substância na relação senão quando ela se encontra ainda na forma de essência possível no intelecto divino e, pois, fazer da relação nada mais que o jogo combinatório do mundo do Deus arquiteto e soberano, sempre já decidida pela tensão de sua vontade para o bem; por outro, a teoria da astúcia da razão como a atividade de tecelagem daquela grande tapeçaria que é a história universal, grande tapeçaria cuja ideia é a trama e as paixões, os singulares fios tecidos. Harmonia preestabelecida e astúcia da razão põem a relacionalidade a serviço de uma teleologia.

Trata-se, portanto, de separar, se é possível, relacionalidade e teleologia, relacionalidade e idealismo. Esse foi o explícito programa filosófico de um dos mestres da escola de Milão, Enzo Paci, que, retomando e reelaborando a filosofia de Whitehead, propôs uma filosofia "relacional" não idealista, no sentido em que pode ser considerado

---

les ordres ont quelque chose de l'estre de raison, quoyqu'ils ayent leur fondement dans les choses; car on peut dire que leur realité, comme celle des vérités eternelles et des possibilités vient de la supreme raison."] (LEIBNIZ, G. W. *Nouveaux Essais In: GP*, Bd. V, p. 210).

123 Cf.: MORFINO, Vittorio. *Incursioni Spinoziste*. Milano: Mimesis, 2002, pp. 57-82 e pp. 101-114.

CAPÍTULO II - ONTOLOGIA DA RELAÇÃO E MATERIALISMO DA CONTINGÊNCIA: AS PAIXÕES COMO RELAÇÕES EM SPINOZA

idealista todo fechamento da relacionalidade.[124] Paci propõe o relacionismo como verdadeira e própria ontologia geral e, contudo, sublinha que o termo ontologia é utilizado a respeito do relacionismo de modo impróprio: o termo ontologia alude, de fato, a um saber filosófico compreendido como discurso *sobre o ente ou sobre o ser,*[125] ao passo que isto que este saber chama de *ser* está completamente resolvido, como consequência do contragolpe filosófico da teoria da relatividade, no tempo, ou melhor, nas situações espaço-temporais. O processo não se fixa jamais em coisas ou substâncias, mas se determina nas situações espaço-temporais: cada coisa não é jamais substância "em si imóvel e conclusa, mas é (...) um complexo mais ou menos organizado de processos, de eventos";[126] a relação não está "entre dois ou mais termos", mas, "para utilizar uma linguagem figurada, é *antes* dos seus termos".[127]

Paci traça através de três pontos a linha de demarcação entre o relacionismo e o idealismo: o relacionismo 1) exclui a identidade fechada do universo mesmo; 2) determina como momentos espaço-temporais distintos os nós de relação universal, tornando-os atuais como situações existenciais discerníveis uma da outra, ao passo que num universo fechado e idêntico no qual todo momento é o todo, nenhum momento seria discernível; 3) exige a não exauribilidade das relações e o seu dispor-se (...) para uma relacionalidade sempre aberta.[128]

---

[124] Escreve Paci: "À vanidade hegeliana do retorno [ao fundamento] é preciso contrapor a impossibilidade do retorno, isto é, a necessidade do irreversível." PACI, Enzo. *Dall'esistenzialismo al relazionismo*. Messina-Firenze: D'Anna, 1959, p. 171.

[125] PACI, Enzo. *Dall'esistenzialismo al relazionismo*. Messina-Firenze: D'Anna, 1959, p. 17.

[126] PACI, Enzo. *Dall'esistenzialismo al relazionismo*. Messina-Firenze: D'Anna, 1959, p. 30.

[127] PACI, Enzo. *Dall'esistenzialismo al relazionismo*. Messina-Firenze: D'Anna, 1959, p. 90. Contra Russell que considera que a realidade é constituída por elementos independentes das relações nas quais eles podem entrar, em Whitehead segundo Paci "a realidade (...) com base no princípio da irreversibilidade deve considerar-se já relacionada e relacionada em estruturas espaço-temporais." PACI, Enzo. *Dall'esistenzialismo al relazionismo*. Messina-Firenze: D'Anna, 1959, p. 105.

[128] PACI, Enzo. *Dall'esistenzialismo al relazionismo*. Messina-Firenze: D'Anna, 1959, p. 23.

5. Spinoza: uma ontologia da relação?

Enzo Paci contrapõe juntamente em todo o seu manifesto "relacionista" a filosofia da relação a uma filosofia substancialista: enquanto a segunda afirma que "a realidade é substância que é em si e por si, e não precisa de nada para existir", a primeira afirma que "a existência real [seja] sempre em outro e por outro".[129] Paci substitui o conceito tradicional de substância pelo conceito de evento: "A substância" – escreve – "é o que existe em si, o evento é o que existe por outro e em relação a outro"[130]. É interessante nesse ponto notar como Paci contrapõe a sua metafísica relacional à metafísica da substância de Aristóteles e Spinoza[131]. Todavia, a filosofia de Spinoza pode ser compreendida como uma filosofia da substância no sentido em que a compreende Paci? Se é verdadeiro que o *enjeu* teórico inaudito da Primeira Parte da *Ethica* consiste no pensar a substância infinita como o único *in se esse* [ser em si], é igualmente verdadeiro que este *enjeu* leva a um conhecimento das coisas singulares compreendidas como modos, ou seja, *esse in alio* [ser em outro]. O modo enquanto *id quod in alio est* [isto que é em outro] é precisamente aquilo que Paci chama de evento, cuja existência é sempre em outro e por outro, ao passo que a substância não é senão a estrutura imanente dessa remissão a outro e de modo algum um tipo de substrato permanente ao qual inerem as modificações.

Referindo-se a Spinoza, se poderia falar de uma ontologia da relação? Ou melhor, pode-se encontrar em Spinoza os instrumentos conceituais para pensar com toda a sua radicalidade o primado da relação sobre a substância? A dificuldade consiste no fato de que, em Spinoza, falta uma verdadeira e própria tematização do problema das relações.

Nos *Pensamentos Metafísicos*, encontramos um breve aceno à questão:

---

[129] PACI, Enzo. *Dall'esistenzialismo al relazionismo.* Messina-Firenze: D'Anna, 1959, p. 63.

[130] PACI, Enzo. *Dall'esistenzialismo al relazionismo.* Messina-Firenze: D'Anna, 1959, p. 53.

[131] PACI, Enzo. *Dall'esistenzialismo al relazionismo.* Messina-Firenze: D'Anna, 1959, p. 105.

CAPÍTULO II – ONTOLOGIA DA RELAÇÃO E MATERIALISMO DA CONTINGÊNCIA: AS PAIXÕES COMO RELAÇÕES EM SPINOZA

> Através disto, que comparamos as coisas entre si, originam-se algumas noções, as quais, contudo, nada são fora das próprias coisas senão modos de pensar. O que daí é claro, porque se quisermos considerá-las como coisas postas fora do pensamento, tornaremos o conceito claro que outrora tínhamos delas imediatamente confuso. De fato, estas são as tais noções, a saber, *Oposição, Ordem, Conveniência, Diversidade, Sujeito, Adjunto*, & ainda outras que lhes são semelhantes. Essas, digo, percebem-se por nós bastante claramente, enquanto as concebemos não como algo diverso das essências das coisas opostas, ordenadas *&c.*, mas somente como modos de pensamento, pelos quais mais facilmente retemos ou imaginamos as próprias coisas.[132]

O conceito encontra-se com clareza no *Breve Tratado*:

> Algumas coisas estão em nosso intelecto, e não na Natureza e, portanto, são também uma obra unicamente nossa e servem para entender distintamente as coisas; entre elas incluímos todas as relações que se referem a coisas diversas, e às quais chamamos *Entia Rationis* [entes de razão].[133]

Na *Ethica* há 17 ocorrências do termo *relatio*,[134] mas não há nenhuma definição da relação enquanto tal. Na maioria dos casos, o termo é usado em conexão com verbos como *considerare, imaginare, concipere* e *contemplare* e com as preposições *cum, absque* e *sine*. Isso indica um estatuto puramente mental da relação: as coisas podem ser ou não ser consideradas numa dada relação. Num caso, a ocorrência tem um valor

---

[132] *CM*, I, 5 (G I : 245).

[133] *KV* (G I : 193). (Trad. pt.: Espinosa, B. *Breve Tratado de Deus, do homem e do seu bem-estar*. Belo Horizonte: Autêntica Editora, 2014, p. 86).

[134] GUERET, Michael.; ROBINET, A.; TOMBEUR, Paul. *Spinoza Ethica. Concordances, Index, Listes de fréquences, Table comparatives*. Louvain-la-Neuve: Cetedoc, 1977, p. 287.

ontológico, quando Spinoza, no escólio da proposição 23 da Quinta Parte, nega que a eternidade possa ser definida pelo tempo ou que possa ter alguma relação com o tempo. Enfim, encontramos uma ocorrência do termo relação no sentido técnico na definição dos afetos da Terceira Parte. É útil ler a passagem inteira:

> Passo em silêncio sobre as definições de Ciúmes & demais flutuações do ânimo, tanto porque se originam através da composição dos afetos, os quais já definimos, quanto porque a maioria não tem nomes, o que mostra ser o suficiente para o uso da vida conhecê-las somente em gênero. É manifesto através das definições dos afetos restantes, os quais explicamos, que todos se originam do Desejo, Alegria ou Tristeza, ou antes, nada são além destes três, os quais cada qual se costuma chamar com vários nomes por conta de suas várias relações & denominações extrínsecas.[135]

As relações são, pois, denominações extrínsecas. Percorrendo a *Ethica*, não encontramos nenhuma outra ocorrência da expressão "denominações extrínsecas"; pode-se, no entanto, encontrar uma ocorrência da expressão "denominações intrínsecas", que Spinoza, na *explicatio* da definição 4 da Segunda Parte, dá como equivalente de *proprietates*. Spinoza parece, então, instituir uma clara separação entre as características que constituem a essência de uma coisa e as características que, ao contrário, dependem da interação dessa coisa com outras: as primeiras são *proprietates*, as segundas *relationes*.

Na *Ethica*, contudo, não está presente de modo explícito a teorização dessa distinção. É preciso voltar ao *TIE* a fim de encontrá-la *à toutes lettres*. Ao expor as características do conhecimento do quarto gênero, Spinoza afirma que da definição de uma coisa devem poder ser deduzidas todas as propriedades dela "enquanto considerada sozinha,

---

[135] EIIIDef.Aff.48Expl. (G II : 203).

CAPÍTULO II - ONTOLOGIA DA RELAÇÃO E MATERIALISMO DA CONTINGÊNCIA: AS PAIXÕES COMO RELAÇÕES EM SPINOZA

não em conjunto com outras".[136] A fim de reproduzir, em seguida, a ordem da natureza, é necessário conhecer a série através da qual essas coisas são concatenadas pelas causas, série que, todavia, não é aquela das coisas singulares e mutáveis (*series rerum singularium mutabilium*), mas é a série das coisas fixas e eternas (*series rerum fixarum aeternarumque*). O conhecimento visa, pois, reproduzir a ordem das coisas fixas e eternas, em cuja *intima essentia* estão contidas as leis "segundo as quais as coisas singulares são feitas e ordenadas", e não a série ou a ordem de existência das coisas singulares e mutáveis, que não oferecem senão "denominações extrínsecas, relações ou, no máximo, circunstâncias"[137]. Podemos, portanto, dizer que o conceito de propriedade está ligado à interioridade de uma essência e o conceito de relação à exterioridade da existência: dá-se um plano ontológico cuja ordem das coisas é comandada pelas propriedades das essências (e pelas relações exclusivamente lógicas entre essas propriedades) e um outro cuja ordem está perturbada pelas relações e pelas circunstâncias existenciais. Isso parece ser o quadro ontológico do uso técnico do termo *relatio* na única ocorrência da *Ethica*. Todavia, o quadro ontológico da *Ethica* permite tal uso?

Alguns elementos são problemáticos no confronto entre *Ethica* e *TIE*:

1) não se dá na *Ethica* um desdobramento de planos entre coisas fixas e eternas e coisas singulares e mutáveis;

2) desaparece o termo *series* em proveito do termo *connexio*: portanto, não há mais série linear, mas trama, entrelaçar.[138]

3) Spinoza não fala, na *Ethica*, em lugar nenhum de *essentia intima*, mas, no máximo, de *actuosa essentia*. Em todo caso, do ponto de vista teórico, é fundamental a identificação do conceito de *essentia* com aquele de *existentia* e de *potentia*.

---

[136] *TIE*, §96 (G II : 35).

[137] *TIE*, §101 (G II : 36-37).

[138] Cf.: MORFINO, Vittorio. *Incursioni Spinoziste*. Milano: Mimesis, 2002, p. 15-29.

Todos esses elementos de diferença parecem comandados pelo movimento teórico que põe Deus não simplesmente como causa primeira, mas também como causa imanente. O pensamento radical da causalidade imanente interdita conceber de modo serial a causalidade finita, pois a constelação teórica que ela traz necessariamente consigo destrói os elementos constitutivos necessários para o funcionamento da causalidade transitiva: o conceito de indivíduo, de coisa singular, perde a simplicidade e unidade que lhe conferiam, no *TIE*, a sua essência íntima, que permanecia aquém das relações exteriores e das circunstâncias existenciais, para aceder à complexidade de uma relação proporcionada em que a essência não difere de modo algum da potência, isto é, da capacidade de entrar em relação com o externo (quanto mais as relações são complexas, tanto mais o indivíduo é potente). A coisa perde, portanto, a simplicidade da relação de imputação jurídica para ganhar a pluralidade estrutural das relações complexas com o externo. Todos esses elementos foram excluídos no *Tratado* do conhecimento adequado das coisas singulares enquanto inessenciais. É exagerado dizer que a relação essência-existência é invertida a respeito do *Tratado*: a essência das coisas reside agora no fato acabado das relações e das circunstâncias que produziram essa existência: noutras palavras, a essência de uma coisa é concebível somente *post festum*, isto é, unicamente a partir do fato da sua existência ou, mais precisamente, a partir de sua potência de agir que nos desvela a sua verdadeira *interioridade*. A barreira entre interior (*essentia intima*) e exterior (*circunstantia*, isto é, o que está em torno) é derrubada; a potência é precisamente a relação regulada por um exterior e um interior que se constituem na relação mesma.

Quando Tschirnhaus questiona se há um meio para escolher, dentre múltiplas ideias adequadas, uma pela qual seja possível deduzir a propriedade de uma coisa, Spinoza responde:

> Já, contudo, para poder saber através de qual ideia de uma coisa, dentre muitas, todas as propriedades de um sujeito podem se deduzir, observo somente um único tipo, aquela ideia da coisa ou definição que exprime a causa eficiente. Por exemplo, inquiro,

CAPÍTULO II – ONTOLOGIA DA RELAÇÃO E MATERIALISMO DA CONTINGÊNCIA: AS PAIXÕES COMO RELAÇÕES EM SPINOZA

> sobre as propriedades do círculo que devem ser investigadas, se acaso através da ideia de círculo, que evidentemente consta de infinitos retângulos, possam deduzir-se todas as suas propriedades, investigo, reitero, se acaso esta ideia implica a causa eficiente do círculo, pois quando não se faz, busco outra: justamente que o círculo é espaço, o qual se descreve pela linha, em que um ponto é fixo e o outro móvel: quando essa Definição já exprime a causa eficiente, sei, por aí, que podem se deduzir todas as propriedades do círculo, &c. Assim, também quando defino que Deus é o Ente sumamente perfeito, de qualquer maneira essa definição não exprime a causa eficiente (intelijo, com efeito, a causa eficiente tanto interna quanto externa), não poderei, por aí, extrair todas as propriedades de Deus; mas, certamente, quando defino que Deus é o *Ens*, &c. veja a Definição VI da Parte I da *Ethica*.[139]

Não é um acaso que, no momento em que deve exemplificar uma ideia pela qual seja possível deduzir as propriedades de um sujeito (*proprietates subjecti*), Spinoza proponha o círculo e Deus: por um lado, um *ens rationis* e, por outro, o ente infinito. Nem um nem outro pertencem à dimensão das *connexiones singularis*, cuja ideia adequada deve pôr claramente o tecido de *relationes* e não as *proprietates*. Por essa razão, Spinoza subtrai-se da questão de Tschirnhaus de "deduzir *a priori* a existência de tal e tanta variedade das coisas, [sendo] a extensão indivisível e imutável".[140] A prospectiva da pergunta está errada: a variedade das coisas não é dedutível *a priori* da extensão, pois a essência das coisas reais constitui-se nas relações, e não as precede logicamente.[141]

---

[139] *Ep*. LX (G IV : 270-271).
[140] *Ep*. LIX (G IV : 268).
[141] Cf.: BALIBAR, Étienne. "Individualité et transindividualité chez Spinoza". In: *Spinoza politique. Le transindividuel*. Paris: PUF, 2018, pp. 199-244.

6. As paixões como relações

Tudo isso encontrará um exemplo privilegiado na teoria das paixões. No célebre prefácio à Terceira Parte da *Ethica*, Spinoza promete tratar "as ações e os apetites humanos assim como se fosse Questão de linhas, de planos ou de corpos".[142] As paixões, como já o foram Deus e a mente, serão tratadas *more geometrico*, ou seja, elas serão consideradas como propriedades da natureza humana, como Spinoza diz expressamente no *TP*.[143] Propriedades, ou seja, denominações intrínsecas, isto é, características da *essentia intima* da natureza humana tomada separadamente de todo o resto. Todavia, seria verdadeiramente assim que deveria ser compreendida essa expressão spinozana, ou deveria ser posta simplesmente a ênfase sobre a polêmica antiteológica (*proprietates contra vitia*) sem, no entanto, compreender de modo técnico o termo *proprietas* como o que é *proprium* a uma *essentia* que precede as relações e as circunstâncias existenciais? Em sua bela tradução do *TP*, Paolo Cristofolini propôs uma tradução extremamente pregnante de uma locução frequente sob a pena de Spinoza: "passionibus obnoxius".[144] Literalmente, se deveria traduzir "subjugados", "submetidos", "sujeitos" às paixões; Cristofolini nota que "o latim *obnoxius* contém, entretanto, a dupla valência do que fere e do que invade, ou pervade" e então propõe, amparado no modelo de tradução leopardiano de Epiteto, traduzir como "atravessados de paixões". Certamente, é lícito tomar essa tradução como um simples refinamento estilístico; para mim, em contrapartida, vale a pena sublinhar a força e a possibilidade interpretativa que ela abre. As paixões não seriam *proprietates* de uma genérica natureza humana, mas relações que atravessam o indivíduo nele constituindo a imagem de si e do mundo. Nesse sentido, no prefácio ao *TTP* encontra-se uma expressão análoga, *superstitionibus obnoxii*,[145] que esclarece

---

[142] EIIIPraef.

[143] "humanos affectus (…) non ut humanae naturae vitia, sed ut proprietates contemplatus sum" (*TP*, I, §4) (G III : 274).

[144] Contam-se na *Ethica* 14 ocorrências da locução (*passionibus* ou *affectibus obnoxius*).

[145] *TTP*, Praef. (G III : 6).

CAPÍTULO II - ONTOLOGIA DA RELAÇÃO E MATERIALISMO DA CONTINGÊNCIA: AS PAIXÕES COMO RELAÇÕES EM SPINOZA

perfeitamente a inseparabilidade entre o aspecto emotivo e aquele cognitivo da trama de relações que constitui o *ser social* do indivíduo.

É o caso apenas de repetir que o indivíduo para Spinoza não é nem substância nem sujeito (nem *ousia* nem *hupokeimenon*), ele é uma relação entre um exterior e um interior que se constituem na relação (ou seja, não existe a interioridade absoluta do *cogito* defronte à exterioridade absoluta do mundo do qual o corpo próprio justamente é parte).[146] Essa relação constitui a essência do indivíduo, que não é senão a sua existência-potência; não se trata, no entanto, de uma potência dada de uma vez por todas, mas de uma potência variável, justamente porque é instável e não dada a relação que constitui o interno e o externo. Ora, as paixões não são as propriedades de uma natureza humana dada, propriedades que existem antes do encontro e que vêm de algum modo ativadas por ele, mas as relações constitutivas do indivíduo humano: o lugar originário sobre o qual agem as paixões não é a interioridade, mas o espaço *entre* os indivíduos que produz a interioridade como efeito. O desejo, a alegria e a tristeza, isto que Spinoza chama de os três afetos primários,[147] não são, respectivamente, senão a constituição e a

---

[146] Em Descartes são pressupostos dois sujeitos, a alma e o corpo, e "(...) tudo o que se faz ou acontece novamente é, geralmente, (...) uma Paixão a respeito do sujeito no qual acontece, e uma Ação a respeito daquele que faz com que aconteça." (DESCARTES, R. *Les Passions de l'Âme*. I, 1 *In*: AT, vol. IX, p. 328). As ações da alma são os atos voluntários, enquanto as paixões são percepções ou conhecimentos derivados da representação de coisas externas: é claro, pois, que em Descartes o núcleo metafísico do eu, a alma como *res cogitans*, precede os múltiplos encontros com e do corpo. O efeito das paixões "é que elas incitam e dispõem sua alma a *querer* as coisas às quais elas preparam seu corpo (...)" (*Idem*, I, 40, p. 359). As paixões, portanto, agem sobre a alma, a dispõem de um certo modo, mas não são a alma: a essência mais própria da alma reside naquele *querer* que é o selo do criador sobre a criatura. Em Spinoza, contrariamente, sendo mente e corpo um mesmo indivíduo, "a ordem das ações & das paixões de nosso Corpo são simultaneamente por natureza com a ordem das ações & paixões da Mente." (EIIIP2S) Ademais, porque a mente não é uma substância, mas uma pluralidade de ideias, e porque as ideias são paixões, a mente não será senão uma pluralidade de paixões.

[147] "(...) & além destes três afetos primários não reconheço nenhum outro: pois mostrarei, na sequência, que os demais originam-se destes três." ["(...) & praeter hos tres nullum alium agnosco affectum primarium: nam reliquos ex his tribus oriri in seqq. ostendam."] (EIIIP11S)

variação de um interno que enquanto é *conscius sui* (e *ignarus causarum rerum*), isto é, enquanto imagina, transforma as *circumstantiae* em Origem e os objetos do desejo em Valores. Todavia, se esses afetos são primários a respeito do indivíduo, não o são se nós nos pomos do ponto de vista da causalidade imanente, que dá lugar ao indivíduo enquanto *connexio singularis*, entrelaçar singular. Pode ser útil aqui um paralelo com a interpretação althusseriana de Epicuro:

> (...) os elementos estão aí e além daí, chovendo (...), mas eles não existem, eles são somente abstratos enquanto a unidade de um mundo não os tenha reunido num Encontro que lhes dará existência.[148]

Noutras palavras, esses afetos primários não são senão elementos abstratos, antes de entrarem em relação; mas não só, eles não podem ser nem mesmo existir em estado puro, elementos originários por cuja combinação nascem todos os outros; eles existem somente nas infinitas metamorfoses que as relações com o externo lhes impõem: ódio, amor, esperança (segurança/gáudio), medo (desespero/remorso) *etc.* Todavia, Spinoza nos autoriza a avançar além: não se pode nem mesmo falar de um singular afeto como relação transitiva a um objeto.[149] Pelo efeito da causalidade imanente que no âmbito do finito mostra-se como *nexus causarum*, entrelaçar de causas, todo afeto é sempre sobredeterminado por outros:

---

[148] ALTHUSSER, Louis. "Le courant souterrain du matérialisme de la rencontre". In: *Écrits philosophiques et politiques*. T. I. Paris: Stock/Imec, 1995, p. 546. É interessante, nesse sentido, a crítica do dado atômico sensível conduzida por Paci através de Dewey e Whitehead (Cf.: PACI, Enzo. *Dall'esistenzialismo al relazionismo*. Messina-Firenze: D'Anna, 1959, pp. 73-78.

[149] A mesma relação que liga um sujeito e um objeto não tem nenhuma universalidade, como sublinha o próprio Spinoza: "Homens diversos podem afetar-se de diversos modos por um e mesmo objeto, & um e mesmo homem pode afetar-se de diversos modos por um e mesmo objeto em diversos tempos." (EIIIP51)

CAPÍTULO II - ONTOLOGIA DA RELAÇÃO E MATERIALISMO DA CONTINGÊNCIA: AS PAIXÕES COMO RELAÇÕES EM SPINOZA

1) da recordação de um afeto com o qual se presentificou na primeira vez;[150]

2) pela semelhança do indivíduo com um outro com o qual tínhamos provado um afeto;[151]

3) pelo afeto do indivíduo para o qual se referiu;[152]

4) pelo afeto referido a um indivíduo que produz um afeto no indivíduo para o qual se referiu;[153]

5) pelo afeto de um indivíduo semelhante a nós;[154]

6) pela aprovação dos outros homens;[155]

7) pelo afeto de um outro indivíduo referido ao mesmo objeto;[156]

8) pelo afeto do indivíduo a quem nos é referido;[157]

9) pelo afeto do indivíduo referido a um outro indivíduo;[158]

10) pelo pertencimento do indivíduo cujo afeto é endereçado a uma classe ou uma nação contra a qual se prova um afeto (com base na experiência de encontros precedentes com indivíduos que lhes pertencia).[159]

---

[150] EIIIP14.
[151] EIIIP16.
[152] EIIIP21 e EIIIP23.
[153] EIIIP22 e EIIIP24.
[154] EIIIP27.
[155] EIIIP29, EIIIP53, EIIIP53C e EIIIP55C.
[156] EIIIP31 e EIIIP45.
[157] EIIIP33.
[158] EIIIP34.
[159] EIIIP46.

Essa complexa trama de relações é o modo de existência da vida afetiva. Spinoza dá um nome extremamente sugestivo ao efeito produzido por esta trama: a *fluctuatio animi* [flutuação do ânimo].[160] A *fluctuatio animi* é o nome conceitual da psique numa ontologia da relação; uma vez abandonada a ideia de substancialidade, é precisamente o flutuar, a onda, a ondulação, que dá individualidade à água indistinta que substitui a sua metáfora: não mais o que está sob, *sub stantia*, mas a superfície inquieta sem paz e sem forma definitiva. Como escreve Spinoza num esplêndido passo, "(...) agitamo-nos de muitos modos por causas externas, e flutuamos, assim como as ondas do mar, agitadas pelos ventos contrários, inconscios de nossos evento e fado".[161]

Se agora retomarmos a única passagem em que Spinoza fala de relação em sentido técnico, poderemos medir a sua inadequação:

> Passo em silêncio sobre as definições de Ciúmes & demais flutuações do ânimo, tanto porque se originam através da composição dos afetos, os quais já definimos, quanto porque a maioria não tem nomes, o que mostra ser o suficiente para o uso da vida conhecê-las somente em gênero. É manifesto através das definições dos afetos restantes, os quais explicamos, que todos se originam do Desejo, Alegria ou Tristeza, ou antes, nada são além desses três, os quais cada qual se costuma chamar com vários nomes por conta de suas várias relações & denominações extrínsecas.

O passo de Spinoza parece indicar a existência de três afetos primários (como *proprietates* de uma *essentia intima*) que, nas várias relações com o externo, mudam de forma: na realidade, parece muito mais conforme à filosofia da *essentia = potentia* pensar essas composições de afetos constituírem-se nas relações com o externo como os únicos reais

---

[160] EIIIP17S.

[161] EIIIP59S.

CAPÍTULO II - ONTOLOGIA DA RELAÇÃO E MATERIALISMO DA
CONTINGÊNCIA: AS PAIXÕES COMO RELAÇÕES EM SPINOZA

e os três afetos primários não como o seu substrato, mas sim como as abstrações determinadas (as noções comuns, nos termos spinozanos) necessárias para conceitualizá-los.[162] Spinoza o afirma explicitamente nas proposições 56 e 57 da Terceira Parte da *Ethica*:

> EIIIP56: Dão-se tantas espécies de Alegrias, Tristezas e Desejos e, consequentemente, de cada afeto, o qual através destes se compõe, todas as maneiras de flutuação de ânimo, ou que delas se deriva, justamente de Amor, de Ódio, de Esperanças, de Medos &c. quantas são as espécies de objetos, pelos quais nos afetamos.
>
> EIIIP57: Qualquer afeto de cada indivíduo tanto discrepa do afeto de outro quanto a essência de um difere da essência de outro.[163]

7. Relação: constitutividade ou *ens rationis*

Assim como num nível físico, os indivíduos são constituídos por relações de movimento entre partes, ao mesmo tempo, as paixões são as relações que constituem o indivíduo social, cujo nome filosófico Spinoza encontrará, por fim, no *Tratado Político*: a *multitudo*. Essas paixões não devem de modo algum ser compreendidas como o eco interior de um acontecimento exterior (como em Descartes), mas sim como eventos que dizem respeito à mente e ao corpo num só tempo, como práticas.[164] Essa equação paixão = prática é possível porque as ações

---

162 No escólio da EIIIP56 Spinoza o diz explicitamente: "Porque a isso que intentamos, justamente a determinar as forças dos afetos & a potência da Mente sobre eles, basta-nos ter a definição geral de cada afeto. Basta-nos, digo, inteligir as propriedades comuns dos afetos & da Mente para podermos determinar qual & quanta é a potência da Mente para as moderações e coerções sobre os afetos."

163 EIIIP56 e EIIIP57.

164 Isso resulta de modo extremamente claro da definição de afeto, EIIIDef.3: "Por afeto inteligo as afecções do Corpo, pelas quais a potência do próprio Corpo

do indivíduo não são respostas voluntárias induzidas pelas solicitações da alma provocadas pelas paixões, como em Descartes; em Spinoza, como é evidente, intelecto e vontade são um e não existem senão nas singulares intelecções e volições,[165] e estes não são senão paixões: ora, essas ideias-paixões não estão no interior da mente, elas são a mente, que é integralmente uma com o corpo, portanto são o corpo e as suas práticas. Escreve Spinoza:

> (...) os decretos da Mente nada são além dos próprios apetites, os quais, por aí, são vários segundo a vária disposição do Corpo. Porque cada um modera todas [as coisas] através de seu afeto, e aqueles que, por aí, se conflitam por afetos contrários, desconhecem o que querem; aqueles que, entretanto, [não se conflitam] por nenhum, impelem-se aqui e acolá por fácil movimento. Certamente, todas [essas coisas] mostram claramente que tanto o decreto da Mente quanto o apetite e a determinação do Corpo são simultaneamente por natureza, ou antes [são] uma e mesma coisa, que, quando se considera sob o atributo do Pensamento e por este se explica, chamamos de decreto, e quando sob o atributo da Extensão considera-se e deduz-se através das leis do movimento e do repouso, chamamos de determinação.[166]

As paixões são para Spinoza, pois, relações constitutivas dos indivíduos, de seu imaginário e das suas práticas sociais. O poder exerce-se precisamente na esclerose da *fluctuatio*, ou melhor, na gestão da *fluctuatio* através da introdução da religião no Estado: a análise que Spinoza faz da função dos ritos no Estado hebraico é um perfeito exemplo histórico de como as ideias-paixões atravessam o corpo social permeando

---

aumenta-se ou diminui-se, favorece-se ou coage-se, e simultaneamente as ideias destas afecções."

[165] *Ep.* II (G IV : 9).

[166] EIIIP2S. A propósito disso, deve-se recordar a importância das análises de Hobbes para essas posições spinozanas.

CAPÍTULO II - ONTOLOGIA DA RELAÇÃO E MATERIALISMO DA CONTINGÊNCIA: AS PAIXÕES COMO RELAÇÕES EM SPINOZA

e, ao mesmo tempo, plasmando as práticas de cada indivíduo[167], isto é, fazendo, como repete muitas vezes Spinoza, de um povo selvagem uma formação político-social: ousando um passo ulterior, constituindo o indivíduo hebraico como ser social.

Todavia, do que se trataria, então, a afirmação spinozana segundo a qual as relações não seriam senão entes de razão? Tornou-se necessária uma distinção entre os diferentes tipos de relação: podemos talvez dizer que são constitutivas todas as relações de ordem causal, o sistema de relações instaurado pela eficácia causal da potência divina, enquanto são entes de razão todas as relações as quais vêm confrontadas com os indivíduos que constituem, por assim dizer, o grumo desse sistema de relações. As relações de identidade, diferença, oposição *etc.* não são senão *entia rationis* que têm o mérito de ajudar na classificação daquelas verdadeiras e próprias *connexiones singulares* que são os indivíduos: classificação que, todavia, funda-se sobre a imaginação e memória, e não sobre a razão. Ainda uma vez mais pode ser útil apoiar-se numa distinção leibniziana:

> As relações são ou comparação ou concurso. As primeiras observam a conveniência ou desconveniência (...) que compreende a semelhança, a igualdade, a desigualdade *etc.* As segundas

---

[167] "Por essa causa, portanto, Moisés introduziu por virtude [*virtute*] e por ordem divina a religião na república [*religionem in republicam introduxit*] para o povo fazer seu ofício não tanto através do medo quanto pela devoção. Em seguida, obrigou-os por benefícios e pelo divino prometeu muitas [coisas] para o futuro, e não sancionou leis muito severas (...) Por fim, para que o povo, que não podia ser em direito de si, dependesse da boca dos que ordenavam, nada concedeu aos homens, evidentemente acostumados à servidão, para que agissem livremente; em nada, com efeito, o povo podia agir, para ele manter-se simultaneamente recordando as leis e executando as ordens, as quais dependiam somente do arbítrio daqueles que ordenavam; nada, com efeito, livremente, mas segundo certa e determinada ordem da lei permitia-se arar, semear, colher e igualmente não se permitia comer algo, vestir-se nem aparar o cabelo e a barba, nem se alegrar nem absolutamente fazer o que quer que seja senão segundo as ordens e mandados prescritos nas leis; não somente isto, mas também tinham de ter nas portas, nas mãos e entre os olhos alguns signos [*signa*], os quais sempre os admoestavam à obediência." (*TTP*, V) (G III : 75-76).

encerram alguma ligação, como de causa e efeito, do todo e das partes, da situação e da ordem.[168]

Podemos dizer que as relações de *convenance* são, para Spinoza, *entia rationis*, ao passo que as relações de *concours* são constitutivas sobre o plano ontológico.[169]

Nesse sentido, é tomada uma clara distância da tradição platônica expressa de modo paradigmático por Plotino, segundo quem, nestes casos (nas relações que ele define inativas, isto é, baseadas sobre um confronto), a relação é uma participação numa forma e numa razão (Μετάληψις εἴδους καὶ λόγου):

> E se se devesse admitir que os seres são somente corporais, então precisaria reconhecer que as relações ditas do 'relativo' são justamente nada; mas, uma vez que atribuímos primeiro lugar aos seres incorporais e às razões formais, consideramos as relações como formas e as participações das ideias como causas: por exemplo, o dobro em si é a causa do ser dobro e a metade em si é a causa do outro termo.[170]

A recusa da hipostatização dos termos como identidade, diferença, oposição *etc*. (e, em geral, de todas as relações de caráter matemático) mostra em Spinoza toda a sua importância num breve confronto com Hegel: o capítulo sobre a "Relação absoluta" da Lógica da Essência torna

---

[168] LEIBNIZ, Gottfried Wilhelm. GP, Bd. V, p. 129: "Les relations sont ou de comparaison ou de concours. Les premiers regardent la convenance ou disconvenance (…) qui comprend la ressemblance, l'egalité, l'inegalité *etc*. Les secondes renferment quelque liaison, comme de la cause et de l'effet, du tout e des parties, de la situation et de l'ordre." [*sic*]

[169] Cf.: MORFINO, Vittorio. "Aut Substantia aut Organismus". In: *Incursioni Spinoziste*. Milano: Mimesis, 2002, pp. 125-143.

[170] PLOTINO. *En*. VI, 1, 9.

CAPÍTULO II - ONTOLOGIA DA RELAÇÃO E MATERIALISMO DA CONTINGÊNCIA: AS PAIXÕES COMO RELAÇÕES EM SPINOZA

a percorrer da substância à causa, à ação e reação, até a ação recíproca; no capítulo "Sobre as essencialidades ou as determinações da reflexão", da identidade à diferença, à oposição e à contradição. As relações produzidas pela causalidade imanente hegeliana participam, portanto, nas formas e nas razões (para dizê-lo com Plotino), elas são intrinsicamente lógicas. E, nesse movimento, Hegel não faz senão reproduzir em termos modernos o grande mito cosmogônico do *Timeu* platônico: a alma do mundo, que o demiurgo constitui a partir da natureza do idêntico, do diverso e do ser, é, de fato, anterior àquele grande vivente sensível que é o corpo do mundo e a respeito deste constitui princípio vital e cognoscitivo[171]. Para Spinoza, contrariamente, as relações produzidas pela causalidade imanente são a-lógicas (e a teoria do intelecto infinito como *natura naturata* é a confirmação disso) e é justamente isto que Hegel lhe reprovará nas *Lições sobre a História da Filosofia*: em Spinoza a substância não devém sujeito, a *causa sui* não é levada ao conceito e isto porque a sua estrutura é *ab origine* a-conceitual. Até aquela partição entre *esse in se* e *esse in alio* que guia as primeiras definições da *Ethica* não pode ser tomada à letra, não pode ser pensada através de um modelo teleológico no qual *in se* e *in alio* têm a forma de uma dialética da alienação e reapropriação. A distinção é posta para ser negada: o modo enquanto *esse in alio* não existe na substância como *esse in se*, à maneira pelo qual em Locke, por exemplo, uma ideia está na mente, num *self* que é consciente disto que está presente em seu interno[172]. Deve-se, antes do mais, dizer-se que a substância é o sistema relacional deste reenviar estrutural a um outro que é o modo e, portanto, não pode ser em si senão como estrutura necessária do reenvio a um outro: é nesse sentido que Althusser disse que a totalidade spinozana é uma totalidade sem clausura.

---

[171] PLATÃO. *Tim.*, 34c - 37c.

[172] LOCKE, John. *Op. cit.*, p. 183: "Quando vemos, ouvimos, cheiramos, degustamos, tocamos, meditamos ou queremos algo, nós sabemos que o fazemos. Então, é sempre quanto às nossas Sensações e Percepções presentes: e através disto cada um é si mesmo, o que chamamos de *si mesmo*." ["When we see, hear, smell, taste, fell, meditate, or will any thing, we know that we do so. Thus it is always as to our present Sensations and Perceptions: And by this every one is to himself, that which he calls *self* (...)".]

8. Contingência da relação

As paixões são, portanto, as relações que constituem, ao mesmo tempo, o indivíduo (a sua imagem de si e do mundo) e a sociedade: elas são, por assim dizer, *primeiras* tanto com relação a um quanto a outro, elas são aquele *entre* do qual fala Nancy em *Être singulier pluriel*.[173] A posição spinozana toma distância tanto da teoria hobbesiana da natural insociabilidade do homem (*homo homini lupus*) [*o homem é o lobo para o homem*] quanto da teoria aristotélico-escolástica do homem como *animal social*. Nem mecanicismo nem finalismo: a sociedade é *toujours--déjà-là* [*sempre-já-aí*], no sentido de que o indivíduo não existe senão abstratamente primeiro e fora das relações-paixões que o atravessam. O homem é sempre-já socializado: trata-se de um fato e a Terceira Parte da *Ethica* não é senão a ratificação desse fato, assim como a Primeira Parte é a da existência da realidade (com a exclusão das *Grundfragen à la* Leibniz) e a Segunda a do pensamento humano (com a exclusão das questões sobre o direito do conhecimento). Nesse ponto, devemos, contudo, dar um passo para trás, a fim de evitar pensar as paixões-relações que constituem a natureza humana (no sentido de que a natureza

---

[173] "Doravante, essa é a premissa ontológica mínima, absolutamente irrecusável. O ser é posto em jogo entre nós, ele não poderia ter outro sentido que a dis-posição deste 'entre'." ["Tel est désormais la prémisse ontologique minimale, absolument irrécusable. L'être est mis en jeu entre nous, il ne saurait avoir d'autre sens que la dis--position de cet 'entre'."] (NANCY, J.-L. *Être singulier pluriel*. Paris: Galilée, 1996, p. 47) Nancy acrescenta: "De acordo com esse modo, o ser é simultâneo. Assim como, para dizer o ser, é preciso repeti-lo e dizer que 'o ser é', o ser só é simultâneo a ele mesmo. O tempo do ser (o tempo que ele é) é esta simultaneidade, esta co-incidência que supõe o 'incidente' em geral, o movimento, o deslocamento ou o desdobramento, a derivada temporal originária do ser, seu espaçamento." ["Selon ce mode, l'être est simultané. De même que, pour dire l'être, il faut le répéter et dire que 'l'être est', de même l'être n'est que simultané à lui-même. Le temps de l'être (le temps qu'il est) est cette simultanéité, cette co-incidence qui suppose l'"incidence' en général, le mouvement, le déplacement ou le déploiement, la dérivée temporelle originaire de l'être, son espacement."] (*idem*, p. 58). Afirmar que o tempo do *ser entre*, do *ser com* seja a simultaneidade impede de pensar em toda a sua radicalidade estes conceitos. Como dito, a simultaneidade é a metáfora temporal do espírito. Deve-se, segundo penso, antes pensar que é no entre e no com ser que se constituem as articulações dos tempos, que se determinam simultaneidade e sucessão, sem que jamais algum espaço de simultaneidade absoluta possa dar-se.

CAPÍTULO II – ONTOLOGIA DA RELAÇÃO E MATERIALISMO DA CONTINGÊNCIA: AS PAIXÕES COMO RELAÇÕES EM SPINOZA

humana existe propriamente nessas relações entre os indivíduos) como um tipo de invariante, como um fato que devia ser assim e não de outra maneira; detrás disso esconde-se o plano de um Deus, que deposto doravante do trono da Origem sobrevive nos seus efeitos teóricos, na eternidade das leis que são a imagem da sua imutabilidade ou no caráter transcendental destas relações (as paixões entendidas como forma transcendental dos encontros entre os indivíduos).

Em alguns escritos dos anos 1980, Louis Althusser muito bem põe em relevo tal risco: o porte potencialmente teo/teleológico da necessidade. Trata-se, segundo Althusser, de pôr em relevo a contingência na qual afundam as raízes da necessidade e, nesse sentido, é central o conceito de encontro. Nos escritos sobre o materialismo aleatório, o conceito de encontro recebe uma complexa articulação. Intentemos fixar os pontos fundamentais:

1) Os encontros podem ser breves ou duráveis. O encontro durável é aquele em que os elementos pegam e, contudo, o fato de que eles durem não é garantia do fato de que durarão para sempre: todo encontro é provisório (o que vale obviamente para aqueles breves, mas também para aqueles que duram). Mas não só: todo encontro repousa sobre o abismo, isto é, fora de metáfora sobre o fato de que podia não ter tido lugar.

2) Todo encontro é fruto de uma série de encontros precedentes, cada um dos quais tendo lugar, mas que podiam não ter tido lugar: "Só há encontro" – escreve Althusser – "entre séries de seres resultados de muitas séries de causas – ao menos duas, mas estas duas proliferam antes pelo efeito do paralelismo ou do contágio ambiental (...)".[174]

3) O encontro depende da afinidade dos elementos que se encontram, no sentido de que os elementos, enquanto não

---

[174] ALTHUSSER, Louis. "Le courant souterrain du matérialisme de la rencontre". In: *Écrits philosophiques et politiques*, t. 1. Paris: Stock/Imec, 1995, p. 566.

contendo nada daquilo que serão depois do encontro,[175] são, todavia, *affinissables*, passíveis de afinidade: não já afins *a priori*, no sentido das afinidades eletivas goethianas, mas afins em dadas circunstâncias aleatórias (no sentido em que todo elemento é, por sua vez, resultado de um encontro); afins, mas *a posteriori* e, por isto, com um olhar retrospectivo sobre a origem, passíveis de afinidade.[176]

O fato da natureza sempre-já socializada do homem, o primado das paixões-relações sobre os indivíduos, repousa, na realidade, sobre um abismo. O fato não é pensável como condições de possibilidade *a priori*, mas como condições materiais de existência. Apreender o fato em seu acontecer ou no que aconteceu significa mostrar o seu fundamento contingente, a flutuação dos elementos que originaram ou podem originar o encontro fora de toda e qualquer harmonia preestabelecida. Somente desse modo é possível apreender a dúplice provisoriedade do fato:

1) podia não advir;

2) poderá não mais ser.

---

[175] "E todo encontro é aleatório em seus efeitos nisto que nada nos elementos do encontro desenha, antes deste encontro mesmo, os contornos e as determinações do ser que daí sairá. Júlio II não sabia que nutriria em seu seio romanholo seu inimigo mortal, e ele não sabia também que este mortal iria esflorar a morte e achar-se fora da história no momento decisivo da Fortuna, para ir morrer numa obscura Espanha, sob uma fortaleza desconhecida. Isso significa que nenhuma determinação do ser provindo da 'pega' do encontro estava desenhada, nem em pontilhado, no ser dos elementos concorrentes no encontro, mas que, ao contrário, toda determinação destes elementos só é assinalável no *retomo* do resultado sobre seu devir, em sua recorrência." ALTHUSSER, Louis. "Le courant souterrain du matérialisme de la rencontre". In: *Écrits philosophiques et politiques*, t. 1. Paris: Stock/Imec, 1995, p. 566.

[176] "(...) do que, enfim, o que é preciso chamar de uma *afinidade* e completude dos elementos em jogo no encontro, sua "enganchabilidade", a fim de que este encontro 'pegue', isto é, 'pegue forma', dê *enfim nascimento a formas, e novas* – como a água 'pega' quando o gelo a espreita, ou o leite 'pega quando coalha', ou a maionese quando endurece." ALTHUSSER, Louis. "Le courant souterrain du matérialisme de la rencontre". In: *Écrits philosophiques et politiques*, t. 1. Paris: Stock/Imec, 1995, p. 564.

CAPÍTULO II – ONTOLOGIA DA RELAÇÃO E MATERIALISMO DA CONTINGÊNCIA: AS PAIXÕES COMO RELAÇÕES EM SPINOZA

Isso torna-se evidente, a respeito da nossa questão, na leitura que Althusser faz da imagem da floresta no *Segundo Discurso* de Rousseau:

> A floresta é o equivalente do vazio epicurista, no qual cai a chuva paralela de átomos: é um vazio (...) em que indivíduos se cruzam, isto é, não se encontram, senão em breves conjunturas que não duram. Rousseau quis aí figurar por um preço muito elevado (a ausência de filho) um *nada de sociedade* anterior a toda sociedade e condição de possibilidade de toda sociedade, o nada de sociedade que constitui a essência de toda sociedade possível.[177]

★★★

Noutros termos, resumindo, se poderia concluir que não somente uma ontologia da relação não pode ser dita plenamente ontologia senão modificando de modo radical o uso que a tradição fez da palavra, mas também que ela não pode nem sequer ser considerada, como a ontologia da substância, uma filosofia primeira[178] (pense-se no

---

[177] ALTHUSSER, Louis. "Le courant souterrain du matérialisme de la rencontre". In: *Écrits philosophiques et politiques*, t. 1. Paris: Stock/Imec, 1995, p. 557.

[178] Na advertência de *Être singulier pluriel*, Nancy escreve: "Este texto não dissimula a ambição de refazer toda a 'filosofia primeira' dando-lhe como fundação o 'singular plural' do ser. Não é uma ambição do autor, é a necessidade da coisa mesma, e de nossa história." ["Ce texte ne dissimule pas l'ambition de refaire toute la 'philosophie première' en lui donnant pour fondation le 'singulier pluriel' de l'être. Ce n'est pas une ambition de l'auteur, c'est la nécessité de la chose même, et de notre histoire."] (*Op. cit.*, p. 13). Mais adiante, escreve: "(...) por definição e por essência, esta 'filosofia primeira' deve 'ser feita por todos, não por um', como a poesia de Maldoror." ["(...) par définition et par essence, cette 'philosophie première' doit 'être faite par tous, non par un', comme la poésie de Maldoror."] (*Idem*, p. 45). A afirmação da necessidade dessa filosofia primeira, de sua escritura coletiva e de uma história que conduz a ela não são senão um potente e persuasivo expediente retórico: nenhuma filosofia é necessária e nenhuma é chamada a ser na sua forma como na sua substância da história. A

título da obra de Wolff: *Philosophia prima sive ontologia*): ela é sempre uma filosofia segunda que deve ser sempre pensada no abismo do aleatório, de uma filosofia do encontro e da contingência que está longe de ser uma filosofia primeira, que esta é a sua proibição metodológica.

---

    filosofia, retomando uma bela imagem de Althusser, é "o vazio de uma distância tomada", nada mais que a intervenção numa conjuntura que, decerto, delimitará as condições materiais dela, mas das quais ela não é a expressão ou sentido.

CAPÍTULO III

"O MUNDO AO ACASO": SOBRE LUCRÉCIO E SPINOZA

1. A corrente subterrânea do materialismo do encontro

Num texto de 1982, *A corrente subterrânea do materialismo do encontro*, Althusser delineia os traços de uma tradição que teria atravessado os séculos, contudo, permanecendo invisível à superfície, invisível porque combatida, incompreendida, recalcada. Essa tradição ele chama de *materialismo da chuva, do desvio, do encontro* e *da pega*. Epicuro, Lucrécio, Maquiavel, Spinoza, Hobbes, Rousseau, Marx, o *es gibt* heideggeriano, o *fallen* wittgensteiniano.

Esses autores têm em comum a resistência, a irredutibilidade a uma história do pensamento ocidental entendido como história da razão ou da metafísica, a resistência às grandes epocalizações hegelo-heideggerianas.

O núcleo desse materialismo do aleatório é individuado por Althusser em três teses:

- a afirmação do primado do nada sobre a forma, da ausência sobre a presença, do encontro sobre a forma que dele brota;

- a negação de toda teleologia;

- a afirmação da realidade como processo sem sujeito.

A recusa do Sujeito e do Fim é um tema caro à produção althusseriana dos anos sessenta e setenta. Em contrapartida, o que é novo (ou que ao menos recebe neste escrito todo outro relevo), é o tema do primado do encontro sobre a forma, do primado do nada do encontro sobre a forma, entendendo com isso que "nada, senão as circunstâncias factuais do encontro, preparou o encontro mesmo".[179]

Encontros evitados, esquivados, somente arranhados, encontros breves, duráveis, mas, em todo caso, provisórios. Primado do nada sobre a forma significa precisamente que toda forma ressalta sobre um tríplice abismo:

- de poder não ser dada;

- de poder ser breve;

- de poder não ser mais.

Isso, segundo Althusser, permite esquivar-se de uma outra figura da metafísica, a hipostatização das leis que resultam do encontro, a consideração da forma da ordem e da forma dos seres, às quais o encontro dá lugar como eternas: *o fato de uma ordem dada*.[180]

---

[179] MORFINO, Vittorio.; PINZOLO, L. "Introduzione" à Althusser, L. *Sul materialismo aleatorio*. Milano: Unicopli, 2000, p. 11.

[180] Busquei pôr em foco a proposta teórica completa de Althusser nos escritos dos anos oitenta em "Il materialismo della pioggia di Louis Althusser. Un lessico" *In*: *Quaderni materialisti*, 1, 2002, pp. 95-122.

CAPÍTULO III – "O MUNDO AO ACASO": SOBRE LUCRÉCIO E SPINOZA

2. Da parte de Lucrécio

Quando Althusser apresenta a corrente subterrânea do materialismo do encontro, ele o faz, nesse escrito assim como noutros análogos (*L'unique tradition matérialiste*), num contexto autobiográfico. Althusser traça a sua via filosófica a Marx e à especificidade de sua leitura do filósofo de Tréveris.[181] Em *L'Avenir dure longtemps* isso aparece claramente: ao percorrer a sua formação filosófica, ele evidencia os autores que entraram de modo decisivo na construção de sua própria leitura de Marx e que aí constituíram a sua originalidade. A corrente subterrânea do materialismo aleatório não seria, pois, uma verdadeira e própria tradição, embora esteja submersa e recalcada, mas antes o traço de uma autobiografia filosófica, a tentativa de reconstruir *ex post* os elementos filosóficos que entraram em jogo em sua própria prática teórica. Naturalmente, uma leitura desse gênero é legítima e, todavia, do ponto de vista historiográfico talvez se possam ler as páginas de Althusser, se não como a constatação da existência de uma corrente, cuja metáfora já concede muito a uma tradição historicista e idealista, ao menos como uma provocação, como uma chave heurística que consente em ler de modo diferente (não necessariamente seguindo Althusser nos detalhes de sua interpretação) alguns desses autores e as relações transcorridas entre eles. Uma prospectiva desse gênero revelou-se extremamente válida ao confrontar a relação Spinoza-Maquiavel[182] e agora proponho-me pô-la à prova na interpretação da relação Spinoza-Lucrécio.

Naturalmente, quando se evoca a relação de Spinoza com o atomismo, não se pode evitar a célebre correspondência com Hugo Boxel, na qual Demócrito, Epicuro e Lucrécio são citados como *auctoritates* filosóficas positivas, caso único em toda a obra de Spinoza, se exceptuássemos as duas longas passagens do *TP* sobre Maquiavel. O contexto,

---

[181] "Mas antes de ir a Marx mesmo, é-me preciso falar do desvio [*détour*] que fiz, devi fazer (compreendo agora o porquê) por Pascal, Spinoza, Hobbes, Rousseau e talvez, sobretudo, Maquiavel". Cf.: ALTHUSSER, L. "L'unique tradition matérialiste" *In: Lignes*, n. 8 (1993), p. 75.

[182] Cf.: MORFINO, Vittorio. *Il tempo e l'occasione. L'incontro Spinoza-Machiavelli*. Milano: LED, 2002.

como é largamente notável, é uma discussão sobre a existência e a natureza dos espectros. Spinoza conclui a troca de cartas com Boxel, que tinha trazido uma série de testemunhos históricos e filosóficos sobre a existência dos espectros, com esta seca tomada de posição:

> Não vale muito para mim a autoridade de Platão, de Aristóteles e de Sócrates. Teria me surpreendido se você tivesse pronunciado Epicuro, Demócrito, Lucrécio ou algum dentre os atomistas e defensores dos átomos [*atomorumque defensoribus*]: não deve, com efeito, surpreender que aqueles que confabularam Qualidades ocultas, Espécies intencionais, Formas substanciais e mil outras nugas tivessem excogitado Espectros & Lêmures [*Spectra, & Lemures*], & tivessem crido nos antigos para rebaixarem a autoridade de Demócrito, de quem a boa Fama a tal ponto tinham invejado que todos os seus livros, os quais com tanto louvor tinha publicado, tinham queimado.[183][184]

Qual é o sentido dessa invocação de Demócrito, Epicuro e Lucrécio? Certamente, não uma tomada de posição a favor da ontologia atomística com a qual Spinoza, nós o sabemos, não era conivente. A fim de compreender a fundo as razões dessa passagem final, é necessário retornar à correspondência com Boxel.

Após uma primeira carta interlocutória em que Boxel põe a questão sobre os espectros de maneira aparentemente neutra, à qual Spinoza responde definindo os espectros como *nugas et imaginationes*, na segunda carta aquele expõe claramente o que está posto em jogo:

---

[183] *Ep.* LVI (G IV : 261-262).

[184] O episódio do qual fala Spinoza parece ser um eco distorcido de uma passagem de Diógenes Laércio que atribui a Platão, seguindo os *Apontamentos de História* de Aristóxenes, o desejo queimar os escritos democritianos (Diog., IX, 40). Para as traduções latinas quinhentistas e seiscentistas dessa obra cf.: LAERTIUS, Diogenes. *Vitae Philosophorum*, Vol. I. Edidit M. Marcovich. Stuttgart/Leipzig: Teubner, 1999, pp. 19-20.

CAPÍTULO III - "O MUNDO AO ACASO": SOBRE LUCRÉCIO E SPINOZA

> Creio, pois, dar-se Espectros por essas causas. Primeiro, porque à beleza e à perfeição do universo importa que existam. Segundo, porque é verossímil que o criador os tenha criado, pois lhe são mais semelhantes que as criaturas corpóreas. Terceiro, porque assim como existe corpo sem alma, também existe alma sem corpo. Quarto, enfim, porque estimo que no mais elevado ar, lugar ou espaço não há nenhum corpo obscuro que não seja ocupado pelos seus habitantes; &, por conseguinte, o imensurável espaço entre nós e os astros não é vazio, mas é repleto de Espíritos habitantes.[185]

A existência dos espectros é requerida por uma concepção antropocêntrica, finalística e hierárquica do universo e, pois, os testemunhos de sua existência são provas da existência de tal universo. Além das singulares respostas que Spinoza proporá para os quatro pontos, torna-se claro neste contexto o sentido da invocação do atomismo grego e de Lucrécio; trata-se, como escreveu Bove, de uma invocação "à l'étude rationelle de la nature sans aucune adjonction étrangère, qui expulse tout arrière-monde, tout asile d'ignorance, tout mystère, au profit de la pure joie immanent du comprendre".[186] [187] Spinoza parece reivindicar o que Monod chama de "pedra angular do método científico", o postulado da objetividade da natureza, ou seja, "a recusa *sistemática* de considerar a possibilidade de alcançar-se um conhecimento 'verdadeiro' mediante toda interpretação dos fenômenos dados em termos de causas finais, isto é, de 'projeto'".[188]

---

[185] *Ep.* LIII (G IV :246-247).

[186] BOVE, Laurent. "Épicurisme et spinozisme: l'éthique" *Archives de Philosophie*, 57, 3 (1994), p. 471.

[187] N.T.: "ao estudo racional da natureza sem nenhum acréscimo exógeno, que expulsa todo mundo velado, todo asilo da ignorância, todo mistério, em benefício da pura alegria imanente do compreender."

[188] MONOD, Jacques. "Le hasard et la nécessité". *Essai sur la philosophie naturelle de la biologie*. Paris, Éditions du Seuil, 1970, p. 37.

Um testemunho de Lucrécio seria, pois, significativo, considerando que o jovem Maquiavel exercitava-se justamente no texto lucreciano *perseguindo a verdade efetual da coisa*, ao proferir "as coisas, não como são realmente, mas como [queriam que fossem]".[189]

> (...) de fato, especialmente as finge – escreve Spinoza – para justificar o medo, o qual conceberam dos sonhos & fantasmas ou também para reforçar a sua audácia, fé & opinião.[190]

O medo e a superstição são os inimigos comuns de Lucrécio e Spinoza.[191] Contra esses, ambos sustentaram a causa do conhecimento da natureza fundado sobre dois pontos fundamentais: a recusa de todo modelo finalístico de explicação dos fenômenos naturais e a afirmação da existência de leis naturais que regulam o seu devir. Sobre esses dois pontos é possível estabelecer uma verdadeira e própria genealogia Lucrécio-Spinoza. Vejamo-los brevemente em *De Rerum Natura*.

3. Contra o finalismo

Não querendo superestimar as analogias, há um mesmo nexo entre ignorância da natureza das coisas (aquela que Althusser chama de

---

[189] Spinoza a Boxel, *Ep.* LII (G IV : 244): "as coisas, não como na verdade são, mas como as desejam" ["res, non ut reverâ sunt, sed ut eas desiderant"].

[190] *Ep.* LII (G IV : 245).

[191] Como não recordar aqui a célebre exclamação do "Prefácio" do *TTP*, "tantum timor homines insanire facit" (*TTP. Praef.*) (G III : 5), que parece ser uma emulação estilística do também célebre lucreciano: "Tantum potuit religio suadere malorum" (*D.R.N.* I, 101)? Para outros ecos lucrecianos cf.: PROIETTI, O. "Adulescens luxu perditus. Classici latini nell'opera di Spinoza" In: *Rivista di filosofia*, 2 (1989), p. 254. Para as edições quinhentistas e seiscentistas de *De Rerum Natura* que teve Spinoza à disposição cf.: GORDON, C. A. *A bibliography of Lucretius*. London: Rupert Hardt-Davis, 1962, pp. 47-61.

CAPÍTULO III - "O MUNDO AO ACASO": SOBRE LUCRÉCIO E SPINOZA

opacidade do imediato),[192] finalismo como preconceito antropo-teo-cêntrico[193] e inversão na explicação finalística das causas e dos efeitos. E no que concerne a esse último ponto, é difícil pensar que Spinoza, ao escrever o seu Apêndice da Primeira Parte da *Ethica*, não tivesse presente o célebre passo do livro quarto em que esta inversão é abertamente denunciada:

> Desse vício nessas coisas é veementemente necessário
> fugir, e evitar o erro temerosamente,
> para não fazer as claras luzes dos olhos criadas
> para podermos prospectar, e para sermos capazes de prolongar
> largos passos, por isto podem os declives
> das pernas e dos fêmures apoiados nos pés plicar,
> ademais, os braços aptos, por sua vez, através de robustos músculos
> e as mãos dadas ambas de cada lado assistentes
> para podermos adaptar à vida [as coisas] que terão usos.
> Interpretam-se outras quaisquer [coisas] deste gênero,
> todas [as coisas] são perversas prepostas pela razão [*ratione*],
> consequentemente, porque nada nasceu no corpo para podermos usar,
> mas porque nasceu isto procria o uso.
> E não foi a luz nascida antes do ver,
> nem os ditos antes que a língua criada,
> mas antes a origem da língua de longe precedeu
> o discurso, e muito antes criaram-se os ouvidos
> que o som fosse escutado, e, por fim, todos os membros
> antes foram, como penso, que os usos que deles se fará;
> portanto, pela causa não puderam crescer para serem usados.[194]

---

[192] TITUS, Lucretius Carus. *De Rerum Natura*. DEUFERT, Marcus (*Coord.*.). Bibliotheca Teubneriana. Berlin/Boston: Walter de Gruyter GmbH, 2019. *D.R.N.* IV, 385: "e não podem os olhos conhecer a natureza das coisas" ["nec possunt oculi naturam noscere rerum"].

[193] Cf.: *D.R.N.* II, 167 - 175 e V, 156 - 167.

[194] *D.R.N.* IV, 823 - 842.

E à tacanha visão finalística do mundo são contrapostos, por um lado, o espaço infinito sulcado por infinitas sementes e, por outro, a *substantia infinita infinitis modis* [*a substância infinita de infinitos modos*]: este abismo infinito no qual desaba todo preconceito finalístico é perfeitamente representado pelo paralelo do "vermezinho que viveria [no] sangue como o homem nesta parte do universo".[195]

4. Os *foedera naturae*

Foi dito que a superstição finalística engendra-se na ignorância. Mas na ignorância do quê? Ignora-se "o que pode ser, o que não pode, assim o poder finito de cada qual é pela proporção e o limite pegando profundamente" [(...) *quid queat esse, quid nequeat, finita potestas denique cuique quanam sit ratione atque alte terminus haerens*].[196] Ignoram-se os pactos da natureza, os *foedera naturae* [*pactos da natureza*], as leis que nela regulam o devir, devir que é sempre *certus*[197] enquanto regulado por uma *ratio* que não é, todavia, nem transcendente nem transcendental, mas sim somente o outro nome da conformação dos corpos, o seu ser assim e não assado. E é justamente por essa determinidade que cada coisa que nasce recebe da natureza, que não podem, segundo Lucrécio, existir criaturas mitológicas, criaturas constituídas por uma dupla natureza:

> Mas não houve Centauros nem nalgum tempo
> pode haver [algo] de dupla natureza e de corpo binário.

★★★

---

[195] Spinoza a Oldenburg, *Ep.* XXXII (*G* IV : 171). Cf.: *D.R.N.* VI, 647-652, nos quais Lucrécio afirma que este céu não é senão uma *paruula, multesima pars* [*párvula pequenininha parte*] da natureza.

[196] *D.R.N.* V, 85 - 90. Cf.: *D.R.N.* I, 75 - 77 e V, 55 - 58.

[197] Jean Salem nota como o adjetivo *certus* "revient à près de cent reprises dans le cours du poème de Lucrèce" ["retorna cerca de cem vezes no correr do poema de Lucrécio"] (SALEM, J. *L'atomisme antique. Démocrite, Épicure, Lucrèce*. Paris: Le Livre de Poche, 1997, p. 157).

CAPÍTULO III - "O MUNDO AO ACASO": SOBRE LUCRÉCIO E SPINOZA

através de membros alienígenas o poder compactuado,
d'um lado e d'outro a parte não é de igual força para ser possível.
Até isto aqui também é permitido aos grosseiros conhecer pela inteligência.
A princípio, cerca de três anos atuados solicitamente
floresce o cavalo, de nenhuma maneira um moço: pois até então
em sonhos buscará amiúde as lactantes abundâncias das mamas;
Depois que pela idade as robustas forças definham o cavalo
nos membros idosos fugindo a lânguida vida,
então finalmente a juventude no jovem florescente pelo evo
começa e veste as maçãs do rosto de doce penugem;[198]

As criaturas mitológicas não podem existir nem ter existido, pois cada ser tem a sua temporalidade, um determinado ritmo seu que não pode ser harmonizado, senão na imaginação poética, com aquele de um outro. Justamente com esse propósito, Moreau, num dos raros artigos dedicados à relação Epicuro-Spinoza, nota como no epicurismo e, particularmente, em Lucrécio "le monde rigoureux des lois s'oppose à celui des mutations sans principe"[199] da mesma maneira que em Spinoza há uma oposição "entre le monde de la métamorphose et celui de la régularité des formes".[200] [201] Dessa proximidade, é paradigmática uma passagem da EIP8: "(...) aqueles que ignoram, com efeito, as verdadeiras causas das coisas, confundem todas [as coisas], & sem nenhuma repugnância da mente fingem falantes tanto árvores quanto homens, & os homens formarem-se tanto através de pedras quanto através de sêmen, & imaginam quaisquer formas mudarem-se noutras quaisquer."[202]

---

[198] *D.R.N.* V, 878-889.

[199] N.T.: "o mundo rigoroso de leis opõe-se àquele das mutações sem princípio."

[200] MOREAU, Pierre-François. "Épicure et Spinoza: la physique" *In: Archives de Philosophie*, 57, 3 (1994), pp. 464-465.

[201] N.T.: "entre o mundo da metamorfose e aquele da regularidade das formas."

[202] EIP8S2 (*G* II : 49) (*OP* : 5): "(...) qui enim veras rerum causas ignorant, omnia confundunt, & sine ullâ mentis repugnantiâ tam arbores, quàm homines, loquentes fingunt, & homines tam ex lapidibus, quàm ex semine, formari, &, quascunque formas in alias quascunque mutari, imaginantur".

5. A alma e o corpo

Quando Spinoza evoca Lucrécio contra Boxel, trata-se evidentemente de uma referência a um modelo filosófico antifinalístico e determinístico. Dessa maneira, este modelo pode ser utilizado na questão da existência dos espectros? Spinoza, na carta LIV, compara os espectros às Harpias, aos Grifos e às Hidras, seres fantásticos frutos da imaginação e, mais adiante, acrescenta que não é possível que se dê uma alma sem corpo assim como não é possível que se dê "uma memória, um ouvido, uma vista *etc.* sem corpo". Há leis determinadas que presidem o aparecer das formas da natureza, leis que excluem a existência de criaturas mitológicas e, pela mesma razão, de almas privadas de corpo. Vimos sobre que base Lucrécio nega a existência de criaturas mitológicas; com a mesma argumentação ele nega a possibilidade de que se dê a existência do *animus* (que indica em Lucrécio um princípio do pensamento, ao passo que o termo *anima* é referido à sensibilidade) fora do corpo:

> Decerto, não se pense, com efeito, que em qualquer corpo
> possa haver a natureza e consílio do ânimo;
> assim como no etéreo não pode haver árvore, na superfície salina
> as nuvens, nem os peixes vivem nos ares
> nem o sangue nas lenhas nem o suco está nas rochas:
> é certo, então, disposto onde algo cresce e está pegado.
> Assim, a natureza do ânimo não pode se originar sem o corpo
> sozinha nem se alongar além dos nervos e sangue.[203]

Aquela *certa ratio*, aquela determinada norma que faz com que a cada coisa sejam "assinalados certos lugares [*certa loca*] para nascer, e onde cada uma pode durar uma vez criada", e ter as "partes distribuídas em múltiplas maneiras assim como jamais a sua ordem pode resultar

---
[203] *D.R.N.* V, 126 - 133.

CAPÍTULO III – "O MUNDO AO ACASO": SOBRE LUCRÉCIO E SPINOZA

invertida",[204] faz também com que não possa se dar o pensamento sem o corpo. Determinidade e ordem da natureza o excluem.[205]

6. O mundo ao acaso

A reivindicação do atomismo parece ser em Spinoza, pois, um apelo ao estudo científico das leis da natureza contra toda forma de superstição religiosa. Todavia, se se lê com atenção a troca de cartas, depois da segunda carta de Boxel (a LIII), se poderá observar como o epicentro da discussão desloca-se da questão da existência dos espectros àquela do acaso. Certamente, a discussão sobre os espectros mantém um espaço, mas, se escutamos bem, o próprio tom de Spinoza ao tratar das duas questões é bem diverso: enquanto sobre os espectros ele é irônico acabando quase na provocação (p. ex.: com respeito às genitálias dos espectros), sobre a questão do acaso é extremamente sério e técnico.

A questão do acaso é engatilhada por Boxel na segunda carta. Como se disse precedentemente, aqui Boxel esclarece qual é o *enjeu* da questão da existência dos espectros. Releiamo-la:

> Creio, pois, dar-se Espectros por essas causas. Primeiro, porque à beleza e à perfeição do universo importa que existam. Segundo, porque é verossímil que o criador os tenha criado, pois lhe são mais semelhantes que as criaturas corpóreas. Terceiro, porque assim como existe corpo sem alma, também existe alma sem corpo. Quarto, enfim, porque estimo que no mais elevado ar, lugar ou espaço não há nenhum corpo obscuro que não seja ocupado pelos seus habitantes; &, por conseguinte, o

---

[204] *D.R.N.* III 618 - 621.

[205] Uma vez excluída no livro terceiro a existência de espíritos privados de corpo, Lucrécio fornece no início do livro quarto uma explicação materialista do fenômeno da aparição de espectros através da teoria dos *simulacra* (Cf.: *D.R.N.* IV, 30 - 41).

imensurável espaço entre nós e os astros não é vazio, mas é repleto de Espíritos habitantes.[206]

A ordem finalística do universo requer a existência dos espectros. Há, contudo, alguém que poderia permanecer surdo diante dessas argumentações, segundo Boxel:

> Esse raciocínio de nenhuma maneira convencerá aqueles que creem temerariamente que o mundo foi criado pelo fortuito [*acaso*]. [*Hoc ratiocinium eos, qui mundum fortuitò creatum esse temerè, credunt, nullatenus convincet*].[207]

A frase de Boxel, ali jogada quase com descuido, é uma advertência ameaçante: tome cuidado, pois se você negar a existência dos espectros, você nega a existência de Deus e, portanto, cai no ateísmo. A advertência é colhida perfeitamente por Spinoza, tanto que, após algumas trocas de farpas verbais e antes de desmontar um a um os quatro pontos através dos quais Boxel pretende ter demonstrado a existência de espectros, ele dedica um amplo espaço para a refutação da equação de Boxel "negador dos espectros = ateu".

Com respeito à questão sobre se o mundo teria sido criado ao acaso, Spinoza expõe nesses termos a sua própria concepção:

> De fato, respondo que, assim como é certo que o *Fortuito* & o *Necessário* [*Fortuitum & Necessarium*] são dois contrários, também é manifesto que aquele que afirma o mundo ser um efeito necessário da Natureza divina também nega que o mundo é totalmente feito ao acaso [*casu*].[208]

---

[206] *Ep.* LIII (G IV : 246-247).
[207] *Ep.* LIII (G IV : 247).
[208] *Ep.* LIV (G IV : 251).

CAPÍTULO III - "O MUNDO AO ACASO": SOBRE LUCRÉCIO E SPINOZA

A causalidade divina exclui a casualidade, a necessidade, o acaso. A acusação de ateísmo é afastada e, com um expediente retórico bem familiar ao leitor de Spinoza, é reexpedida ao remetente: põe o mundo ao acaso não quem afirma uma relação necessária entre Deus e o mundo, mas quem põe na origem do mundo uma livre escolha da vontade divina.

A esses argumentos – por nada intimidado – Boxel responde precisando o que queria dizer:

> Diz-se algo feito pelo fortuito quando se produz além do escopo do autor. Quando cavamos a terra para ser plantada a vinha ou para o poço ou para fazer um sepulcro & achamos um tesouro, sobre o qual jamais cogitamos, isto diz-se fazer-se ao acaso [*id casu fieri dicitur*]. Jamais aquele que através de seu livre arbítrio assim opera, para poder operar ou não, diz-se operar pelo acaso, já que opera. Desse modo, com efeito, todas as operações humanas fariam-se pelo acaso, o que seria absurdo. O Necessário e o Livre são contrários, não, de fato, o Necessário e o fortuito.[209]

Boxel replica os argumentos de Spinoza com precisão: a questão não é se o mundo tenha sido um efeito necessário de Deus, a questão é a intenção de Deus. Se se nega a ordem finalística do universo, nega-se, de fato, Deus. Boxel renova a velada acusação de ateísmo.

Spinoza finge que não captou, fala da diferença radical nos princípios e de uma maneira um pouco pedante redefine os pares de opostos: os verdadeiros pares são fortuito/necessário e livre/coagido. Todavia, faz-se de surdo sobre a questão essencial, tomando como literal o exemplo de Boxel e, de fato, ridicularizando-o:

---

[209] *Ep*. LV (G IV : 255).

> Diga-me, por favor, se acaso você viu ou leu alguns filósofos que dependeram desta sentença, que o mundo foi criado ao acaso, justamente neste sentido que você inteligente, que evidentemente Deus ao criar o mundo tivesse para si um escopo prefixado e, contudo, ele, quem decretara, o transgrediu. Não sei se alguma vez algo como tal tenha incidido no pensamento de alguns homens; (…).[210]

Todavia, talvez cansado dessas trocas de farpas verbais que não têm outra finalidade senão alvejar Boxel com as suas acusações, Spinoza parece, ao término da carta, perder a paciência. Boxel pensa que Spinoza nega Deus enquanto criador inteligente e é difícil culpá-lo. Assim, abandonada toda prudência, na última parte da carta primeiramente encontramos uma célebre passagem ao sabor feuerbachiano *avant la lettre*, e, em segundo lugar, chama-se em causa diretamente os atomistas, com uma particular insistência sobre Demócrito, como os únicos testemunhos confiáveis sobre a questão dos espectros. Parte-se do "mundo criado ao acaso", termina-se com Demócrito. Que isso não seja "casual", tornar-se-á claro após a leitura desta passagem de Tomás, que se tornou um *topos* da cultura ocidental através do célebre verso do *Inferno* dantesco:

> E, por isto, eles puderam pôr plurais mundos, os quais não puseram na causa do mundo qualquer sapiência ordenante, mas o acaso, como Demócrito, quem disse que através do concurso dos átomos fez-se este mundo, e outros infinitos.[211]

Trata-se de uma verdadeira e própria confissão. Boxel, satisfeito, não mais lhe escreveu.

---

210 *Ep.* LVI (G IV : 259).

211 AQUINO, Tomás de. *Pars prima Summae Theologiae a quaestione I ad quaestionem XLIX*. Opera omnia iussu impensaque Leonis XIII P.M. edita, vol. IV. Roma: Typographia Polyglotta, 1888.

CAPÍTULO III – "O MUNDO AO ACASO": SOBRE LUCRÉCIO E SPINOZA

7. O Acaso e a Fortuna

Todavia, a questão do acaso merece ser aprofundada, pois está sujeita a fáceis simplificações ou desentendimentos. Para denodar o novelo, é necessário fazer um *détour* através de Aristóteles e de sua concepção de acaso e de fortuna (*automaton* e *tyche*).[212] Aristóteles ocupa-se desses conceitos no Livro II da *Física*, nos parágrafos 4-6. No parágrafo 4 em particular, ali onde antes de propor a sua teoria do acaso, ele analisa, como habitualmente, as diferentes posições precedentes, toma em consideração a teoria de Demócrito segundo a qual o acaso seria a causa "deste céu e de todos os mundos",[213] "pelo acaso," escreve Aristóteles, "que se gerou o vórtice (isto é, o movimento discriminador) que estabeleceu o todo nesta ordem".[214] Segundo Aristóteles, essa posição é insustentável porque 1) afirma o acaso na geração dos céus e dos mundos e 2) nega o acaso na geração das plantas e dos animais: "(...) pois não é qualquer coisa por acaso que provém da semente de cada um; pelo contrário, desta provém oliveira, daquela, homem (...)".[215] Segundo o Estagirita, não se trata somente de uma posição errada, mas também diametralmente oposta àquela verdadeira. De fato, 1) no céu nada acontece fortuitamente, enquanto 2) no mundo sublunar muitas coisas acontecem por acaso.

---

[212] Sei bem os problemas interpretativos que põe a tradução do termo aristotélico *automaton*. Todavia, neste caso parece-me razoável fazer prevalecer a *lectio tradita*, também considerando o fato de que na tradução latina de Aristóteles que Spinoza possuía em sua biblioteca, o termo é traduzido em latim por *casus* (Cf.: Aristotelis Stagiritae. *Opera quae in hunc husque diem extant omnia, Latinitate partim antea, partim nunc primum a uiris doctissimis donata, & Graecum ad exemplar diligenter recognita. Omnes in tres tomos. Item supra censuram*, Io Lodovici Vivis, Basileae, ex officina Ioan. Oporini, 1548, *Physicorum liber* II, 4 - 8; no inventário da biblioteca este texto é catalogado com o n. 12 entre os In-folio).

[213] ARISTÓTELES. *Física I-II*. Trad. de Lucas Angioni. Campinas: Editora da Unicamp. 2010, p. 51.

[214] ARISTÓTELES. *Física I-II*. Trad. de Lucas Angioni. Campinas: Editora da Unicamp. 2010, p. 51.

[215] ARISTÓTELES. *Física I-II*. Trad. de Lucas Angioni. Campinas: Editora da Unicamp. 2010, p. 51.

No entanto, se observarmos bem, encontraremos na descrição que Aristóteles faz da posição democriteana apontamentos interessantes: como em Lucrécio e Spinoza, é afirmada uma necessidade que regula o devir das formas, e, contudo, o mundo é posto ao acaso, como Boxel reprovará veladamente Spinoza. Para aprofundar o discurso é necessário voltar a Aristóteles e à sua concepção do acaso. Ela diz respeito aos eventos que não têm lugar nem sempre nem no mais das vezes, mas acontecem em vista de um fim de maneira acidental (entre esses são fortuitos aqueles que têm origem numa escolha, enquanto casuais aqueles que não o têm). Leiamos o exemplo de Aristóteles:

> (...) por exemplo, alguém que recobra um empréstimo poderia ter vindo em vista do retomar o dinheiro, se soubesse; no entanto, não foi em vista disso que ele veio, mas sucedeu-lhe vir e, por concomitância, fazer isso em vista de recobrar; mas isso não lhe sucede nem no mais das vezes, ao frequentar a praça, nem por necessidade; e o desfecho, o ressarcimento, não se conta entre as causas que residiam nele mesmo, (...).[216]

O acaso, comumente entendido como o que não tem causa, não existe para Aristóteles; ele tem sentido para Aristóteles somente a respeito de uma ordem causal e, ainda mais, a pressupõe. Tudo o que acontece tem uma causa: uma pedra cai em virtude da sua natureza, um homem vai ao mercado para fazer compras. Trata-se de processos naturais. Todavia, esses eventos não acontecem na solidão, mas em meio a outros processos naturais. Acontece que alguns processos entrelaçam-se com outros: a pedra cai e golpeia um homem que está passando, o homem que foi ao mercado encontra um devedor e cobra o seu crédito. Em ambos os casos, trata-se de encontros entre dois processos causais: de fato, o homem golpeado passava ali por

---

[216] ARISTÓTELES. *Física I-II*. Trad. de Lucas Angioni. Campinas: Editora da Unicamp. 2010. p. 53.

CAPÍTULO III - "O MUNDO AO ACASO": SOBRE LUCRÉCIO E SPINOZA

razões determinadas, o devedor encontrava-se no mercado por razões determinadas. Ora, o que nesse entrelaçar de processos causais nos faz falar de acaso e de fortuna é uma teleologia aparente, um "como se": parecendo, então, que esse entrelaçar tivesse sido preparado por um sentido, por uma intenção. Poderia parecer que a pedra tenha caído com a intenção de matar, como se na origem houvesse o fim de matar; poderia parecer que o homem tivesse ido ao mercado para cobrar, como se na origem houvesse o fim de cobrança, mas, na realidade, não é assim: o fim da pedra era cair para baixo, a sua causa por si, por acidente golpeou o homem; o fim do homem era ir ao mercado fazer compras, a sua causa por si, encontrou por acidente o credor.[217]

Com base nessa teoria do acaso, Aristóteles é capaz de refutar a posição de Demócrito:

> Dado que o acaso e a fortuna são causas quando algo vem a ser por concomitância causa das mesmas coisas de que a inteligência ou a natureza poderiam vir a ser causas e, visto que nada que é por concomitância é anterior às coisas que são em si mesmas, evidentemente tampouco aquilo que é causa por acidente é anterior ao que é por si mesmo causa. Portanto, o acaso e a fortuna são posteriores à inteligência e à natureza. Por conseguinte, ainda que o acaso fosse causa do céu, a inteligência e a natureza necessariamente seriam causas anteriores de diversas outras coisas e também este Todo.[218]

Quando Spinoza responde a Boxel, ele utiliza, com efeito, uma argumentação muito semelhante àquela de Aristóteles. Boxel diz-lhe que por casual ou fortuito entende um evento como a

---

[217] ARISTÓTELES. *Física I-II*. Trad. de Lucas Angioni. Campinas: Editora da Unicamp. 2010.

[218] ARISTÓTELES. *Física I-II*. Trad. de Lucas Angioni. Campinas: Editora da Unicamp. 2010, p. 55.

descoberta de um tesouro subsequente à escavação para um poço, e Spinoza lhe pergunta se alguma vez soube de alguém que sustentasse um Deus que tivesse projetado alguma coisa e, em seguida, tivesse mudado de ideia no último momento. Querendo ser mais preciso, mas talvez a cautela e o respeito pelo seu interlocutor não lhe permitissem, ele teria podido falar de um Deus intencionado a fazer-se uma feijoada que por acaso, combinando os ingredientes, deu origem a um mundo.

8. O primado do encontro sobre a forma

Vimos que, ao rastrear os pontos essenciais que caracterizariam os autores da corrente subterrânea do materialismo aleatório, Althusser tinha fixado três pontos:

- o primado do encontro sobre a forma;

- a negação de toda forma de finalidade;

- a afirmação da realidade como processo sem sujeito.

O segundo e o terceiro pontos, nós os reencontramos no centro da reivindicação spinozana da obra de Lucrécio. Mas não o primeiro: a afirmação de uma regularidade da natureza parece estar em direta antítese com a posição do primado do encontro sobre a forma.

Quando Spinoza cita Demócrito, Epicuro e Lucrécio, ele os cita contra Sócrates, Platão e Aristóteles, ele os cita, sobretudo, contra as qualidades ocultas, as espécies intencionais e as formas substanciais. A leitura mais óbvia dessa passagem vê uma contraposição entre um mundo qualitativo e um mundo entendido quantitativamente. Contudo, se poderia talvez ler essa passagem segundo uma nuança não, certamente, alternativa, mas diferente: uma contraposição entre uma filosofia do encontro e uma filosofia da forma. Ocorre, no entanto, precisar o sentido disso, dado que apreendemos da afirmação das leis que regulam o devir das formas um dos elementos fundamentais da aliança teórica estabelecida por Spinoza com Lucrécio.

CAPÍTULO III - "O MUNDO AO ACASO": SOBRE LUCRÉCIO E SPINOZA

A fim de apreender toda a importância da questão, deve-se retornar ao Livro II da *Física*, precisamente ao parágrafo 8, no qual encontramos uma das páginas filosoficamente mais belas e mais potentes do Estagirita. Aqui Aristóteles analisa uma possível falha de sua construção teórica, em cujo centro está o conceito de forma; essa falha é estreitamente inerente à definição de acaso como teleologia aparente. Aristóteles pergunta-se se toda teleologia não seria, na realidade, aparente, uma aparência de finalidade, noutras palavras, se toda forma não seria, na realidade, o efeito do acaso. Eis a extraordinária passagem aristotélica:

> Comporta dificuldade saber o que impediria a natureza de produzir não em vista de algo, nem porque é melhor, mas do modo como chove, não a fim de que o trigo cresça, mas por necessidade: de fato, é preciso que se resfrie aquilo que foi levado para cima, e é preciso que aquilo que se resfriou, tendo-se tornado água, volte; mas crescer o trigo, quando isso ocorre, sucede por acidente; semelhantemente, se o trigo de alguém perece na eira, não é em vista disso que chove, para que pereça, mas isso sucede por acidente. Por conseguinte, o que impediria que também as partes na natureza se comportassem desse modo - por exemplo, que, por necessidade, os dentes dianteiros se perfaçam agudos, adaptados para dividir, e os molares se perfaçam largos e úteis para aplainar o alimento, uma vez que não teriam vindo a ser em vista disso, mas antes assim teria acontecido? Semelhantemente, também para as demais partes, em todas nas quais se julga encontrar o *em vista de algo*. Assim, no domínio em que absolutamente tudo tivesse sucedido por acidente como se tivesse vindo a ser em vista de algo, as coisas ter-se-iam conservado na medida em que se teriam constituído de maneira apropriada por acaso, mas teriam perecido e pereceriam todas as coisas que não teriam vindo a ser desse modo, como Empédocles menciona os bovinos de face humana.[219]

---

[219] ARISTÓTELES. *Física I-II*. Trad. de Lucas Angioni. Campinas: Editora da Unicamp. 2010, p. 57.

Tudo teria podido acontecer por necessidade e não em vista de um fim. Chove, é um fato. E a chuva pode ter efeitos positivos, fazer crescer o trigo, ou negativos, fazer apodrecer o trigo na eira. Nos dois casos não chove por um fim, mas necessariamente. Aristóteles pergunta-se se toda forma não poderia ser pensada através do modelo da chuva e dos seus possíveis efeitos sobre o trigo. As formas não seriam senão o resultado de uma combinação bem-sucedida pela necessidade, uma boa organização que, por isto, perpetua-se; as más organizações, contrariamente, perecem e pereceram como os bois de face humana. As formas, portanto, não subsistem porque produzidas a fim de subsistirem, mas porque casualmente são adaptadas à subsistência. Esse primado do encontro sobre a forma é uma hipótese que Aristóteles descarta deslocando-se ao uso da língua, cujas estruturas, ele sustenta, identificam-se com as próprias estruturas ontológicas da realidade: e na língua, resume perfeitamente Wieland, "toda vez que falamos de acaso sempre já pressupomos positivamente estruturas teleológicas".[220]

Talvez então, quando Spinoza contrapõe os conceitos lucrecianos àqueles do Aristóteles medieval, as formas substanciais *etc.*, ele tem em mente a afirmação do primado do encontro sobre a forma.

Ao final do primeiro livro, Lucrécio parece justamente designar tal horizonte:

---

[220] WIELAND, Wolfgang. *Die aristotelische Physik. Untersuchungen über die Grundlegung der Naturwissenschaft und die sprachlichen Bedingungen der Prinzipienforschung bei Aristoteles*. Göttingen: Vandenhoeck & Ruprecht, 1962. E sobre este tema seria de extremo interesse abrir um confronto entre a estratégia filosófica aristotélica, inteiramente inclinada a apreender nas estruturas gramaticais e sintática da linguagem as estruturas mesmas da ontologia, e a estratégia spinozana, que consiste na redefinição semântica dos termos fundamentais através do uso sistemático do oximoro (*Deus sive natura sive substantia, essentia sive existentia sive potentia, jus sive potentia etc.*), redefinição que conduz a desintegrar a imaginária identidade entre gramática e ser e que, portanto, torna dizível a ontologia somente através de um uso radical anti-intuitivo da linguagem (cujo exemplo mais evidente é a afirmação da unicidade da substância).

CAPÍTULO III - "O MUNDO AO ACASO": SOBRE LUCRÉCIO E SPINOZA

> E não porque, decerto, em consílio os primordiais das coisas
> se colocariam em ordem por alguma mente sagaz
> nem por alguma [mente sagaz] ‹dariam movimentos que fixassem pelo proveito›,
> mas porque muitas [coisas] de muitos modos mudadas pelo todo
> através do infinito agitam-se muito excitadas por golpes,
> todo gênero de movimento e coalisão experimentando
> até que devêm a tais disposições,
> pelas quais esta soma criada das coisas consiste,[221]

Nem a natureza nem a inteligência estão na origem da forma, mas antes os inúmeros movimentos e tentativas de união: o *concursus*, o encontro.

Uma primeira consequência dessa teoria é a afirmação da infinitude dos mundos, que Bruno usará contra a cosmologia aristotélica. De fato, escreve Lucrécio:

> Agora, de nenhum modo se deve pensar como semelhante à verdade que,
> ubiquamente o vorticoso espaço vacando infinito
> e as sementes de inúmero número e a imensa soma
> de muitos modos volitando no eterno excitadas pelo movimento,
> um se criou este orbe de terras e céu,
> que aqueles tantos corpos nada criam afora;
> principalmente quando este tenha se feito pela natureza e as próprias
> sementes das coisas pelo seu espontâneo entrebater fortuitamente
> coagidas temerariamente de muitos modos em vão e sem escopo
> tenham enfim coalescido, elas que conectadas de repente
> sempre fizeram os exórdios das magnas coisas,

---

[221] *D.R.N.* I, 1021 - 1028. Cf.: *D.R.N.* V, 185-194 e 420-430.

> das terras, dos mares, do céu e do gênero dos animados.
> Consequentemente, uma vez mais é necessário admitir o seguinte:
> que há outros congressos de matéria alhures,
> como há este, o qual o éter mantém com ávido estreitamento.[222]

Uma segunda consequência fundamental é o fato de que o mundo tem um nascimento e uma morte:

> E, contudo, não é como a inânia nem, ademais, faltam corpos,
> os quais através do infinito possam fortuitamente cooriginados
> precipitar por violento turbilhão nesta soma das coisas
> ou importar qualquer outra calamidade de risco,
> nem, doravante, a natureza do lugar e do espaço profundos
> desfalece, para onde podem espargir as muralhas do mundo.
> {Ou por onde quer que seja podem por outra força pulsada perecer.}
> Portanto, não há obstruções do letal para a janela do céu
> nem para os sóis e terras nem para as altas ondas do mar,
> mas é patente que a devastação impiedosa espera o hiato.
> Por aí também é necessário reconhecer estas mesmas [coisas]
> nascidas; e, com efeito, as que são de corpo mortal,
> elas não puderam desde o infinito tempo até agora
> desprezar as robustas forças do imenso evo.[223]

Por fim, a terceira consequência, talvez a mais importante do ponto de vista teórico, é precisamente o que Althusser chama de primado do encontro sobre a forma:

---

[222] *D.R.N.* II, 1052 - 1066.

[223] *D.R.N.* V, 366 - 379.

CAPÍTULO III – "O MUNDO AO ACASO": SOBRE LUCRÉCIO E SPINOZA

> A idade, com efeito, muda a natureza do mundo inteiro,
> e um estatuído através de outro deve excetuar todas [as coisas],
> e nenhuma coisa permanece semelhante a si: todas [as coisas] migram,
> todas [as coisas] comutam quando a natureza coage a verter.
> {porque uma putrefaz e langue débil no evo,
> logo outra cresce sobre e sai através dos contemptos.
> Se, pois, a idade muda a natureza do mundo inteiro,
> e um estatuído excetua através de outro a terra,
> [então] produziu o que não podia, pode o que não produziu antes.}
> E, assim, também muitos portentos prodigiosos que o telúrico cria
> foram intentados com face e membros nascidos,
> o andrógino, e de ambos distante, nem um nem outro;
> parte, privados de pés, parte, privados de mãos;
> também mudos sem boca, inventados cegos sem face,
> e atados dos membros aderidos pelo corpo inteiro,
> para não poderem fazer qualquer [coisa] nem irem a qualquer lugar
> nem evitarem o mal nem tomarem o que tivesse uso.
> Outros monstros e portentos deste gênero criava,
> em vão, visto que a natureza terrificou o crescimento,
> e não puderam tanger a flor da idade para desejar
> nem achar comida nem se juntar pelo efeito [*res*] de Vênus.
> Muitas [coisas], com efeito, vemos que devem concorrer com as coisas,
> para, propagando, poderem produzir as gerações [*saecla*]:
> (...).[224]

Aqui, sem dúvida, a referência é a Empédocles,[225] o único filósofo, exceção feita naturalmente a Epicuro, a quem vem atribuída por hipérbole a natureza divina.[226] E decerto não é possível que essa citação

---

[224] *D.R.N.* V, 828-848.
[225] DK, 31, B 57-60.
[226] "Os versos, certamente, também em seu divino peito / vociferam e expõem preclaras descobertas, / ele que dificilmente parece criado de estirpe humana."

de Empédocles não seja, ao mesmo tempo, uma clara tomada de posição contra Aristóteles (que, por sua vez, afirmava o primado da forma justamente contra a posição de Empédocles).

Desse passo evidencia-se claramente que a regularidade das formas e de seu devir, que tínhamos apreendido na base do naturalismo lucreciano, são, na realidade, fundadas sobre um abismo. A forma não persiste em virtude da própria teleologia, mas cada forma é o efeito de uma conjunção que só em presença do *concurrere multa rebus* pode devir uma conjuntura, uma conjunção que dura. Como a chuva de Aristóteles que cai sobre o campo de trigo e fá-lo crescer.

Fora dito que Lucrécio tinha negado a existência das criaturas mitológicas com base nas *foederea naturae* que regulam o devir das formas. Todavia, essa negação não implica a afirmação da imutabilidade e da limitação das formas, tanto quanto a necessidade de pensar, e não imaginar, a sua real multiplicidade e instabilidade: parafraseando Shakespeare, poder-se-ia dizer que Lucrécio afirma que *existem mais coisas entre o céu e a terra do que pode sonhar a literatura.*

E não seria talvez esse primado do encontro sobre a forma que Spinoza contrapõe através de Lucrécio à filosofia das formas substanciais, ao universo ordenando hierarquicamente através das formas das quais, no fundo, os espectros não são senão uma metáfora? E que em Spinoza esteja presente uma análoga concepção do primado do encontro sobre a forma, demonstra-o tanto a teoria da individuação da segunda parte da *Ethica* quanto o axioma da Quarta Parte da *Ethica*: por um lado, a forma

---

(*D.R.N.* I, 731-733 e, em geral, sobre Empédocles cf.: 716-741). A este propósito, escreve Sedley: "Numerous echoes of Empedoclean passages have been recognised in Lucretius' poem, with varying degrees of certainty. (...) if we had the Empedocles' poems intact a great deal more Empedoclean influence would come to light, and our understanding of the *De Rerum Natura* be immensely enriched" ["Numerosos ecos de passagens de Empédocles vêm sendo reconhecidos no poema de Lucrécio, com vários graus de certeza. (...) se tivéssemos intacto o poema de Empédocles, mais da influência empedocleana viria à luz, e nossa compreensão de *De Rerum Natura* seria imensamente enriquecida"] (SEDLEY, D. *Lucretius and the transformation of the Greek wisdom*. Cambridge: Cambridge University Press, 1998, pp. 10-11).

CAPÍTULO III - "O MUNDO AO ACASO": SOBRE LUCRÉCIO E SPINOZA

como *certa ratio*[227] de uma composição, de um convir, de um concorrer (e também a forma do indivíduo político é definida nos mesmos termos), por outro, a radical contingência de toda forma, seja ela uma florzinha ou um mundo, compreendendo o termo contingência no sentido que Spinoza lhe confere no corolário da proposição 31 da Segunda Parte da *Ethica*, ou seja, como *possibilitas corruptionis*. E desse primado do encontro sobre a forma é talvez o sintoma o exemplo que Spinoza propõe a fim de mostrar a oposição entre as explicações científicas e aquela religiosa no Apêndice da Primeira Parte: uma pedra que cai e mata um homem. Necessidade contra finalismo, certo! Mas a quem conhece a estratégia filosófica de Spinoza não pode fugir o fato de que se trata de um dos exemplos que Aristóteles usa para ilustrar o conceito de acaso:

> De fato, a pedra caiu não em vista do ferir: portanto, foi pelo acaso que a pedra caiu, porque ela poderia ter caído também em vista do ferir, por obra de alguém.[228]

Trata-se de um acaso porque parece obra de uma teleologia, que, na realidade, não há. Através do mesmo exemplo Spinoza pensa a necessidade contra o preconceito finalístico. Contudo, o uso do exemplo aristotélico autoriza a perguntarmo-nos se ele não queria ao mesmo tempo afirmar justamente o que Althusser chama de primado do encontro sobre a forma. Aquele concurso de circunstâncias que produziu a morte do homem ("saepe enim multa simul concurrunt",[229] exclama Spinoza)[230] não é o espaço de intersecção de processos teleológicos

---

[227] A expressão *certa ratio* presente na definição de indivíduo da segunda parte da *Ethica* parece-me ser de clara origem lucreciana (EII, p. 100), assim como também o uso do verbo *cohaerere* com respeito à *quaestio* do todo e das partes na *Ep*. XXXII, de Spinoza a Oldenburg (G IV : 169-176).

[228] ARISTÓTELES. *Física I-II*. Trad. de Lucas Angioni. Campinas: Editora da Unicamp. 2010, p. 55.

[229] N.T.: "com efeito, frequentemente muitas [coisas] concorrem simultaneamente."

[230] EIApp. (G II : 81).

dominados pela regularidade das formas, mas é o próprio modo através do qual age a causalidade imanente divina: o concorrer, o convir, o concomitar[231] (cada um dos quais é uma possível tradução latina do grego *sumbaino*, cujo particípio perfeito é *symbebekos*) está na base do engendrar-se, do durar e do perecer das formas, como mostra perfeitamente o esboço de ontologia da história do capítulo III do *TTP* que se conclui com o oximoro *directio Dei siue fortuna*. Certamente, Spinoza diz que Deus é causa por si e não por acidente,[232] e às insinuações de Boxel responde que entende necessária e não fortuita a relação Deus-mundo. Esse *a parte Dei*. No entanto, quando Spinoza, repreendendo a terminologia de Boxel, fala de *mundus*, do que está falando exatamente, dado que na *Ethica* o termo ocorre somente uma vez e sem nenhum significado técnico? Quando Spinoza fala de necessidade, ele refere-se decerto à relação que liga *natura naturans* e *natura naturata*. Mas e o mundo como o entende Boxel? Para Spinoza, toda forma é fruto do concurso, toda essência é, na realidade, uma *connexio*, em termos lucrecianos, uma *textura*: o mundo é ao acaso. As leis naturais não são, pois, a garantia da invariância das formas,[233] mas a necessidade imanente

---

[231] Para o uso spinozano destes verbos na *Ethica*, cf.: M. GUERET, A. ROBINET, P. TOMBEUR. *Spinoza Ethica. Concordances, Index, Listes de fréquences, Table comparatives*, Cetedoc, Louvain-la-Neuve, 1977, pp. 73, 85-86 e 72-73.

[232] EIP16C2: "Segue-se em 3° que Deus é causa por si, não, de fato, por acidente" ["Sequitur III°. Deum causam esse per se, non verò per accidens"].

[233] Assim parece entendê-lo Moreau quando fala de "lois fixes et éternelles" ["leis fixas e eternas"], terminando, segundo penso, por projetar a ontologia do *TIE* sobre aquela da *Ethica* (cf.: MOREAU, P.-F. "Métaphysique de la substance et métaphysique des formes". *In:* AA. VV. *Méthode et métaphysique*. Paris: Presses de l'Université de Paris Sorbonne, 1989, pp. 9-18). Sobre o conceito de lei em Spinoza, em contrapartida, parece-me perfeito esta passagem de Barbaras: "Lorsqu'il arrive à Spinoza de parler de loi de la Nature, il ne dit pas que cette causalité est invariante; il dit qu'il y a un ordre de la Nature, que la nécessité (les causes) opère toujours de façon certaine et déterminée; comme s'il soupçonnait l'idée de loi invariante ou éternelle de ne pouvoir signifier autre chose qu'un décret ou un commandement, une relation qui a besoin d'être posée" ["Quando ocorre a Spinoza falar de lei da Natureza, ele não diz que esta causalidade é invariante; ele diz que há uma ordem da Natureza, que a necessidade (as causas) opera sempre de maneira certa e determinada; como se ele suspeitasse da ideia de lei invariante ou eterna não poder significar outra coisa que um decreto ou

CAPÍTULO III - "O MUNDO AO ACASO": SOBRE LUCRÉCIO E SPINOZA

às conjunções, a necessidade da chuva que faz crescer o trigo no campo e o faz apodrecer na eira. E não seria talvez um segundo indício disso a passagem do Apêndice que segue o exemplo da pedra a propósito da estrutura do corpo humano, constituído de modo tal "que uma parte não lesa a outra"? Não seria talvez uma referência implícita àquela passagem de Aristóteles, na qual está ofuscada a possibilidade de que toda forma seja fruto do acaso, do concurso? Primado do encontro sobre a forma, primado do acaso sobre a necessidade, à qual ele dá lugar: em alguns casos, se é dado um concurso tal de circunstâncias que permitiram que algumas formas durassem, outras, pelo contrário, "que não se encontram organizadas de modo adequado pereceram e perecem, assim como Empédocles afirma em referência aos bois com face humana".

---

comando, uma relação que precisa ser posta"] (BARBARAS, Françoise. "Spinoza et Démocrite". *In*: *Studia Spinozana*, 12 (1996), pp. 13-27; p. 14).

CAPÍTULO IV
ENTRE LUCRÉCIO E SPINOZA: A "FILOSOFIA" DE MAQUIAVEL

> On peut reconnaître à Spinoza qu'il a écrit en clair la philosophie implicite de Machiavel. Mais il faut alors reconnaître que Machiavel a travaillé 'à l'état pratique' dans une (...) philosophie que Spinoza n'a fait que théoriser.
>
> "Pode-se reconhecer a Spinoza que ele escreveu às claras a filosofia implícita de Maquiavel. Mas é preciso então reconhecer que Maquiavel trabalhou "em estado prático" numa (...) filosofia que Spinoza não fez senão teorizar."
>
> Louis Althusser - *Machiavel philosophe*.

Spinoza, como se sabe, dedica dois breves, mas densos, parágrafos ao pensamento de Maquiavel no *Tratado Político*: o primeiro parágrafo interroga-se sobre o sentido político da obra do secretário florentino, ao passo que o segundo reassume e discute a teoria do "retorno aos princípios". Maquiavel é interrogado por Spinoza, pois, sobre o terreno que lhe é mais congenial, o terreno da política, e, todavia, entre as linhas spinozanas emerge com força a referência a um outro horizonte, ao quadro teórico que torna pensável (ou impensável) a política na prospectiva maquiaveliana: temporalidade plural e contingência, para dizê-lo brevemente. Nessa prospectiva, torna-se central na interpretação spinozana o conceito maquiaveliano que menos pareceria compatível com a sua ontologia, dominada por uma necessidade que, na interpretação alemã, às vezes chamou-se de "lógica", "cega", "absoluta": o conceito de ocasião. A ocasião pareceria lacerar essa necessidade, esfrangalhá-la ou interrompê-la ao modo do milagre cuja existência é evidentemente negação daquela ordem divina que se espelha nas leis naturais. Que não seja assim, que o conceito de ocasião constitua o próprio coração da necessidade spinozana (necessidade não "lógica", "cega" ou "absoluta"), posso quiçá demonstrá-lo somente ao término de um caminho que não poderia ter melhor ponto inicial que um extraordinário passo de Jankélévitch:

> A ocasião não é o instante de um devir solitário, mas o instante complicado pelo "policronismo", isto é, pelo esporadismo e pelo plural de durações. Se, no lugar de escandir medidas diferentes, as durações fossem acordadas entre elas por uma harmonia imemorialmente pré-estabelecida, ou se, no lugar de alguma vez acordarem-se, elas formassem entre elas uma cacofonia absolutamente informe, não haveria lugar para a ocasião. A miraculosa ocasião agarra-se à polimetria e à poliritmia, assim como à interferência momentânea dos devires.[234]

Deixo de lado o contexto geral da interpretação de Jankélévitch para concentrar-me sobre aquilo que me parece uma sugestão fundamental em seu passo: dá-se ocasião, porque se dá policronismo no nível ontológico. Ou melhor: para pensar o conceito de ocasião no sentido maquiaveliano é necessário construir uma ontologia da temporalidade plural, e somente no interior de uma ontologia pensada nestes termos dá-se uma teoria não teleológica da contingência.

Para defender essa tese, mostrarei, em primeiro lugar, como a ausência de uma teoria da temporalidade plural aprisiona a contingência da ocasião na jaula do *telos* de uma filosofia da história.

---

[234] JANKELEVITCH, Vladimir. *Le Je-ne-sais-quoi et le Presque-rien, I. La manière et l'occasion.* Paris: Éditions du Seuil, 1980, p. 117.

CAPÍTULO IV – ENTRE LUCRÉCIO E SPINOZA: A "FILOSOFIA" DE MAQUIAVEL

1. As cartas de Descartes sobre O Príncipe

Examinemos, primeiramente, a leitura que Descartes propõe de *O Príncipe* na célebre carta à princesa Elisabete do Palatino. A crítica central e majoritariamente articulada que Descartes dirige a Maquiavel diz respeito à distinção, em seu juízo insuficiente, entre princípios legítimos e ilegítimos, distinção que, segundo Descartes, não deveria ser feita somente sobre o plano das condições factuais que constituem a cena da ação do príncipe, mas que deveria dizer respeito a um plano jurídico-moral:

> E creio que aquilo em que o autor mais falhou é que não fez distinção suficiente entre os Príncipes que adquiriram um Estado por vias justas e aqueles que o usurparam por meios ilegítimos; e que deu a todos, de modo geral, preceitos que não são próprios senão a esses últimos.[235]

Descartes põe decisivamente a distinção entre as duas categorias e afirma que quem está junto ao poder com a *virtù* mantém-no com a *virtù* e quem está junto ao poder através do vício conserva-o com o vício. Os preceitos maquiavelianos, que desancoram a política da moral, diriam respeito, portanto, somente aos princípios ilegítimos e aos usurpadores, do contrário, escreve Descartes:

> (...) para instruir um bom príncipe, ainda que recentemente ele tenha entrado num Estado, parece-me que se devem propor a ele máximas inteiramente contrárias, e supor que os meios dos quais ele se serviu para se estabelecer foram justos (...).[236]

---

[235] DESCARTES, Rene. *Lettre de Descartes à Elisabeth*. (*AT* IV : 486) (Trad. pt.: "Carta de Descartes a Elisabeth". In: *Modernos & Contemporâneos*, vol. 1., n. 2, jul./dez., 2017, p. 229).

[236] DESCARTES, Rene. *Lettre de Descartes à Elisabeth*. (*AT* IV : 486) (Trad. pt.:"Carta de Descartes a Elisabeth". In: *Modernos & Contemporâneos*, vol. 1, n. 2, jul./dez., 2017, p. 229).

A aparente simplicidade do discurso cartesiano – se se deve instruir um príncipe, mesmo aquele que alcançou ao trono há pouco tempo, deve-se servir-se de um hipotético Anti-Príncipe, isto é, de um dentre tantos textos da tradição do espelho dos príncipes – esconde uma questão evidentemente urgente sobre a natureza da legitimidade dos príncipes, a questão acerca dos signos que permitem operar a distinção e de apreender assim a legitimidade do príncipe. Toda distinção funda-se sobre uma suposição, a suposição de que os meios utilizados pelo príncipe a fim de alcançar o poder tenham sido justos. Justamente a utilização do verbo *supposer* ["supor"] abre uma fissura no discurso cartesiano, e complica nele a aparente estrutura binária. Quais são os meios justos a fim de tomar o poder, e, consequentemente, como distinguir o bom príncipe do usurpador? A resposta de Descartes é surpreendente:

> (...) creio que os são quase todos, quando os príncipes que os praticam os estimam tais; pois a justiça entre os soberanos tem outros limites que entre os particulares, e parece que nestas ocasiões Deus dá o direito àqueles aos quais dá a força. Mas as ações mais justas tornam-se injustas quando aqueles que as fazem pensam-nas tais.[237]

Os signos que indicam os meios justos não são, pois, signos exteriores, conformes a uma escala de valores que transcende a consciência do príncipe, mas, ao contrário, eles são signos totalmente interiores, que dizem respeito ao modo pelo qual o príncipe considera os meios que utiliza. Isso que o príncipe, na interioridade de sua consciência, apreende como subjetivamente justo, o é também objetivamente. Ele devém, noutras palavras, medida da justiça e da injustiça: é justo o que lhe parece como tal. Todavia, o príncipe teria podido considerar justos os meios graças aos quais tentou tomar o poder, sem, entretanto, tê-lo conseguido: é justamente aqui, para responder a esse problema, que

---

[237] DESCARTES, Rene. *"Lettre de Descartes à Elisabeth"*. (*AT* IV : 486) (Trad. pt.: "Carta de Descartes a Elisabeth". In: *Modernos & Contemporâneos*, vol. 1., n. 2, jul./dez., 2017, p. 229).

CAPÍTULO IV – ENTRE LUCRÉCIO E SPINOZA: A "FILOSOFIA" DE MAQUIAVEL

Descartes introduz a ideia segundo a qual a força vitoriosa é fundada *de iure* sobre a garantia divina. O percurso dos pensamentos de Descartes pode ser reconstruído nesses termos: aquele que tem a força para tomar o poder, tem o direito, por graça divina, e aquele que tem o direito considera as suas ações como justas e, portanto, vê revestir-se a violência com a aura de eternidade do direito (por um tipo de harmonia preestabelecida entre direito e força). À força do príncipe responde, pois, na ordem da providência, a consciência da justiça das ações produzidas pela força, consciência que se deve supor em virtude da nossa fé na providência, mas não do conhecer.

Se tomarmos a célebre passagem de Maquiavel sobre os grandes fundadores dos Estados, resultará evidente que o termo-chave é precisamente o de ocasião:

> Mas para vir àqueles que, pela própria *virtù* e não por fortuna, devieram príncipes, digo que os mais excelentes são Moisés, Ciro, Rómulo, Teseu e similares (...) E examinando as suas ações e vidas, não se vê que eles tivessem outro da fortuna senão a *ocasião*; a qual lhes deu matéria para poder introduzi-la dentro daquela forma que lhes pareceu; e sem aquela *ocasião* a *virtù* do ânimo deles teria sido extinguida, e sem aquela *virtù* a *ocasião* teria vindo em vão.[238]

Descartes parece substituir a problemática maquiaveliana *virtù*/fortuna/ocasião, que implica uma racionalidade fundada sobre uma temporalidade plural, por aquela meios/fins, que implica, em contrapartida, uma racionalidade fundada sobre uma temporalidade linear da qual Deus é garantidor (enquanto garantidor da justiça do que acontece): esquematizando, poder-se-ia dizer que ele substitui um tipo de racionalidade que podemos definir como estratégica por uma de tipo instrumental.

---

[238] MACHIAVELLI, Nicoulau. "Il Principe". *In*: *Tutte le opere*, a cura de M. Martelli, Firenze, Sansoni, 1993, p. 264.

Todavia, se se examina a teoria cartesiana da *res extensa*, resultará claro que não é possível fundar sobre ela a diferença entre os princípios pelos quais se alcançou o poder com meios legítimos e os usurpadores. O que se opõe a tal distinção é a teoria do espaço-tempo exposta nos *Princípios de Filosofia*, teoria constituída sobre um movimento teórico que comanda todos os outros, aquele que estabelece a identidade entre substância corpórea e extensão. Se não se dá extensão que não seja corpo, disto segue-se:

– a negação do vazio, visto que a sua existência constituiria uma contradição em termos, isto é, um espaço sem substância;

– que o lugar interno identifique-se com o espaço que o corpo ocupa.

A negação do vazio e a identificação entre lugar e espaço ocupado pelo corpo (unidos naturalmente à recusa do universo finito e do espaço qualitativo de Aristóteles) conduzem Descartes a afirmar a relatividade de todo movimento, sendo cada um desses mensurável com relação a outro e nenhum desses imóvel:

> Quando, por exemplo, um navio promove-se no mar, alguém que senta na popa permanece sempre num lugar, se se tiver a proporção das partes do navio entre as quais ele conserva a mesma situação; & ele muda continuamente o mesmo lugar, se se tiver a proporção dos litorais, uma vez que continuamente recua de uns & aproxima-se de outros. E, ademais, se pensarmos que a terra se move, e tanto procede precisamente do Ocidente ao Oriente, quanto entrementes o navio promove-se do Oriente ao Ocidente, diremos que, pelo contrário, aquele que senta na popa não muda o seu lugar: pois justamente tomamos a determinação do lugar a partir de alguns pontos do céu. Entretanto, se, por fim, pensarmos que nenhum de tais pontos de fato acham-se imóveis no universo, como abaixo se mostrará ser provável, daí concluiremos que não há nenhum lugar permanente nestas coisas, senão enquanto se determina pelo nosso pensamento.[239]

---

[239] DESCARTES, Rene. *Principia Philosophiae*, II, §13 (*AT* VIII : 47): "Ut, cùm navis in mari provehitur, qui sedet in puppi manet semper uno in loco, si ratio habeatur

CAPÍTULO IV – ENTRE LUCRÉCIO E SPINOZA: A "FILOSOFIA" DE MAQUIAVEL

A afirmação da relatividade de toda posição espacial concerne também à dimensão temporal. Se é verdade, de fato, que a duração é o perseverar de uma coisa no próprio ser,[240] sobre um plano ontológico dá-se uma multiplicidade de durações que não podem ser unificadas senão através de uma abstrata mensuração temporal: o tempo, de fato, não é senão a medida das múltiplas durações com base numa duração regular, o movimento dos planetas. Se tomarmos, pois, o conceito de situação no sentido leibniziano, conceito que acrescenta ao conceito cartesiano de lugar a ordenada temporal, podemos dizer que as referências espaço-temporais de um corpo não podem ser dadas a respeito de um sistema de referência absoluta, mas somente a respeito do lugar e da duração de outros corpos. A afirmação de uma contemporaneidade absoluta da *res extensa* a respeito de si mesma seria, portanto, privada de sentido, ela implicaria a afirmação de um ponto de referência imóvel e, assim, externo a ela.

Se, portanto, não há uma contemporaneidade dos tempos, não há nem mesmo a garantia de que o suceder-se dos instantes (entendidos como totalidade dos estados contemporâneos dos corpos) seja governado numa lógica meio-fim pelo eixo Deus-consciência. Então, como Descartes consegue acordar o direito com a força? Como ele consegue fazer com que o direito não seja senão a forma tomada pela força que soube voltar a seu favor a ocasião fruto do entrelaçar dos tempos?

Uma outra teoria da temporalidade está presente em Descartes, uma teoria que domina a primeira e que, de fato, a neutraliza:

---

partium navis inter quas eundem situm servat; & ille idem assiduè locum mutat, si ratio littorum habeatur, quoniam assiduè ab unis recedit & ad alia accedit. Ac praeterea, si putemus terram moveri, tantumque praecisè procedere ab Occidente versus Orientem, quantum navis interim ex Oriente in Occidentem promovetur, dicemus rursus illum qui sedet in puppi, locum suum non mutare: quia nempe loci determinationem ab immotis quibusdam coeli punctis desumemus. Sed si tandem cogitemus, nulla ejusmodi puncta verè immota in universo reperiri, ut probabile esse infrà ostendetur, inde concludemus nullum esse permanentem ullius rei locum, nisi quatenus à cogitatione nostrâ determinatur".

240 Segundo Descartes, a duração não é senão a consideração de uma coisa enquanto continua a ser ("quatenus esse perseverat") (*Idem*, I, §55) (*AT* VIII: 26). Cf.: a propósito disso BEYSSADE, J.-M. *La philosophie première de Descartes:* le temps et la cohérence de la métaphysique. Paris: Flammarion, 1979.

como escreveu Feuerbach em sua *História da Filosofia Moderna* "Descartes, der Theolog, und Descartes, der Philosoph, sind mit einander im Kampfe."[241] [242] Refiro-me à teoria da criação continuada, que dá lugar a uma concepção do tempo de todo diferente a respeito daquela própria da *res extensa* (e que termina por transfigurar esta última). Deus recria, de fato, a todo instante o mundo:

> Claramente entendemos que pode se fazer que eu exista neste momento, no qual penso um algo e, todavia, que eu não exista proximamente no momento seguinte, no qual poderei pensar outro algo, se ocorrer que eu exista.[243]

As coisas criadas existem, pois, num tempo divisível em partes independentes, instantes inseparáveis e contingentes. A criação divina, fruto de uma vontade transcendente, reinstitui no abismo da *res extensa* tanto a contemporaneidade, a secção de essência, quanto a direção do tempo. Decerto, o próprio exemplo cartesiano nos mostra que, como teria dito um Feuerbach muito mais célebre, "o segredo da teologia é a antropologia", o segredo da temporalidade teológica, efeito da criação continuada, é a temporalidade originária do *ego* que se institui como presente no momento da *cogitatio*.[244] Em todo caso, seja círculo vicioso ou relação especular, é nesse horizonte que o eixo Deus-consciência pode instituir o domínio do tempo da matéria, assujeitando o entrelaçar

---

[241] FEUERBACH, Ludwig. *Geschichte der neuern Philosophie von Bacon von Verulam bis B. Spinoza*. In: *Sämtliche Werke*, Bd. VIII. Stuttgart: Frommans Verlag, 1903, p. 297.

[242] N.T.: "Descartes, o teólogo, e Descartes, o filósofo, estão em disputa um com o outro."

[243] Descartes pour [Arnauld], 4 juin 1648 (*AT* V : 193): "Perspicue intelligimus fieri posse ut existam hoc momento, quo unum quid cogito, & tamen ut non existam momento proxime sequenti quo aliud quid potero cogitare, si me existere contingat".

[244] Cf.: MARION, Jean.-Luc. *Sur le prisme métaphysique de Descartes*. Paris: PUF, 1986, p. 188.

CAPÍTULO IV - ENTRE LUCRÉCIO E SPINOZA: A "FILOSOFIA" DE MAQUIAVEL

à linha, o par *virtù*/fortuna àquele meio/fim, a ocasião engendrada pelo policronismo ao instante pontual da instauração do direito na linha da história.

2. A interpretação hegeliana de Maquiavel

Uma ampla referência a Maquiavel está contida no capítulo 9 da *Constituição da Alemanha*, cujo título "A formação dos Estados no resto da Europa" fora dado pelos editores. O capítulo começa pela análise da situação simétrica e oposta entre a França e a Alemanha: ambos os Estados tinham em seu interno os mesmos dois princípios de dissolução, ou seja, os nobres e as diferentes confissões religiosas e, todavia, escreve Hegel:

> (...) num desses, ele [Richelieu] o destruiu completamente, e soergueu através dele um dos mais potentes Estados [*Staaten*], noutro lhes deu todo o poder [*alle Gewalt*], e suspendeu a sua existência como Estado; em ambos os países [*Ländern*] ele levou a cabo o princípio, sobre o qual foram fundados internamente, [*das Princip, darauf sie innerlich gegründet waren*] à maturidade; o princípio da França, a monarquia, o princípio da Alemanha, a formação de uma multidão de Estados independentes, nem um nem outro tinha ainda lutado com seu oposto, Richelieu conseguiu levar ambos os países ao seu sistema estável, um oposto ao outro [*zu ihrem festen einander entgegengesetzten System*].[245]

Hegel reconstrói o modo pelo qual Richelieu livrou-se dos dois princípios que impediam a França de se tornar uma monarquia: constringiu os grandes a obedecerem ao poder estatal, dando unidade

---

[245] HEGEL, Georg Wilhelm Friedrich. "Kritik der Verfassung Deutschlands". *In*: *Schriften und Entwürfe (1799-1808)*, GW, Bd. 5. Hamburg: Felix Meiner Verlad, 1998, pp. 126-127.

ao poder executivo do Estado, e esmagou a facção política dos huguenotes, concedendo-lhes a liberdade de consciência:

> Foi assim que a França, também a Inglaterra e outros países europeus conseguiram levar à serenidade e à união os elementos ameaçadores que estavam neles fermentando para destroçar o Estado [*die in ihren gährenden und den Staat zu zertrümmern drohenden Elemente zur Ruhe und zur Verbindung zu bringen*], e (...) determinar todas as forças reunidas num centro de acordo com leis através da liberdade – a forma propriamente monárquica ou moderna republicana, (...).[246]

Enquanto França, Espanha e Inglaterra alcançaram constituir um Estado centralizado, abrindo "die Periode der Macht, des Reichtums des Staates" ["o período de Poder, de riqueza dos Estados"], a Itália teve "um destino [*Schicksal*] comum àquele da Alemanha: cada ponto do território adquiriu soberania, tornando-se um novelo de estados independentes [*ein Gewühl unabhängiger Staaten*] à mercê das potências estrangeiras". Isso foi o desolador horizonte que Maquiavel encontrou-se a pensar:

> (...) quando alemães, espanhóis, franceses e suíços saqueavam, e gabinetes estrangeiros (...) decretavam sobre o destino dessas nações, – no profundo sentimento deste estado de miséria geral, de ódio, de ruína, de cegueira, um estadista italiano, com fria prudência, apreendeu a necessária ideia de salvar a Itália unificando-a num mesmo Estado [*faßte ein italienischer Staatsmann mit kalter Besonnenheit die nothwendige Idee der Rettung Italiens, durch Verbindung desselben in einen Staat*], (...)[247]

---

[246] HEGEL, Georg Wilhelm Friedrich. "Kritik der Verfassung Deutschlands". *In: Schriften und Entwürfe (1799-1808)*, GW, Bd. 5. Hamburg: Felix Meiner Verlad, 1998, pp. 128-129.

[247] HEGEL, Georg Wilhelm Friedrich. "Kritik der Verfassung Deutschlands". *In: Schriften und Entwürfe (1799-1808)*, GW, Bd. 5. Hamburg: Felix Meiner Verlad, 1998, p. 131.

CAPÍTULO IV – ENTRE LUCRÉCIO E SPINOZA: A "FILOSOFIA" DE MAQUIAVEL

Hegel faz de Maquiavel o teórico *ante litteram* da unidade italiana e nesta prospectiva rejeita o estereótipo do maquiavelismo: o secretário florentino fala, de fato, "com um tom de verdade que brota de sua seriedade [*Wahrheit des Ernstes*]", por isto, "não podia ter baixeza no coração nem capricho na mente"; ele não é o teórico de "uma tirania, um espelho dourado apresentado a um ambicioso opressor", mas antes da liberdade, dado que "a liberdade é possível somente aí onde um povo uniu-se, sob a égide das leis, num Estado [*Freyheit nur in der gesetzlichen Verbindung eines Volkes zu einem Staate möglich sey*]"[248]. Nesse sentido, também a discussão moral sobre o fato de que os meios propostos por Maquiavel sejam repugnantes ("o fim não justifica os meios") perde significado. Os meios propostos por Maquiavel são estritamente comensurados com as condições da Itália de seu tempo:

> (...) uma situação, na qual envenenamento e assassínio tornaram-se arma comum, não tolera suaves contramedidas; a vida próxima à decomposição só pode voltar a reorganizar-se através do mais violento procedimento [*durch das gewaltsamste Verfahren*].[249]

Seria, portanto, absurdo conceber *O Príncipe* como um compêndio para todas as situações, ele é estritamente comensurado com a situação italiana da época. E, em todo caso, os meios repugnantes que Maquiavel propõe devem ser observados pelo ângulo visual do fim que Maquiavel põe: "A Itália deveria ser um Estado [*Italien sollte - ein Staat seyn*] (...) – e este universal é o que Maquiavel pressupõe, isto ele exige, isto é o seu princípio para remediar a miséria de seu país".[250] Posto tal

---

[248] HEGEL, Georg Wilhelm Friedrich. "Kritik der Verfassung Deutschlands". In: *Schriften und Entwürfe (1799-1808)*, GW, Bd. 5. Hamburg: Felix Meiner Verlad, 1998, pp. 132.

[249] HEGEL, Georg Wilhelm Friedrich. "Kritik der Verfassung Deutschlands". In: *Schriften und Entwürfe (1799-1808)*, GW, Bd. 5. Hamburg: Felix Meiner Verlad, 1998, pp. 132.

[250] HEGEL, Georg Wilhelm Friedrich. "Kritik der Verfassung Deutschlands". In: *Schriften und Entwürfe (1799-1808)*, GW, Bd. 5. Hamburg: Felix Meiner Verlad, 1998, pp. 133.

universal como fim, o comportamento do príncipe "configura-se de um modo totalmente outro":

> O que seria reprovável se feito por um privado contra um privado, um Estado contra um outro ou contra um privado é doravante a justa pena [*gerechte Strafe*]. Contra um Estado é a efetivação da Anarquia o maior, ou melhor, o único delito [*einzige Verbrechen*], pois todos os crimes com os quais o Estado tem de lidar vão para aí (...). O exercício desse mais alto dever [*Pflicht*] através do Estado não é mais meio, é pena (...).[251]

Aqueles que agridem o Estado são os criminosos piores, e, assim, a punição não pode ser considerada um meio repugnante, mas pena, do contrário a punição de todo delinquente deveria ser considerada uma coisa repugnante.

Em síntese, Maquiavel seria o teórico da unidade nacional italiana, do princípio universal do Estado e, pois, da liberdade, visto que não pode haver liberdade senão dentro do Estado. Levando em conta o fato de que esse é o fim supremo, os meios não são senão negação da negação do direito, isto é, pena.

Tudo isso em teoria. Todavia, na prática, qual sujeito político foi individuado por Maquiavel como o portador dessa missão?

> Aquele de quem Maquiavel tinha esperado a salvação da Itália era, acima de tudo, o duque Valentino, um príncipe, o qual com ajuda de seu tio [*sic*] e através da bravura assim como de falcatruas de todos os tipos tinha juntado num Estado os principados do duque Orsini, Colonna, de Urbino *etc.* (...).[252]

---

[251] HEGEL, Georg Wilhelm Friedrich. "Kritik der Verfassung Deutschlands". *In: Schriften und Entwürfe (1799-1808)*, GW, Bd. 5. Hamburg: Felix Meiner Verlad, 1998, pp. 133.

[252] HEGEL, Georg Wilhelm Friedrich. "Kritik der Verfassung Deutschlands". *In: Schriften und Entwürfe (1799-1808)*, GW, Bd. 5. Hamburg: Felix Meiner Verlad, 1998, pp. 134.

CAPÍTULO IV – ENTRE LUCRÉCIO E SPINOZA: A "FILOSOFIA" DE MAQUIAVEL

Era, portanto, o duque Valentino o indivíduo que, como Richelieu na França, teria podido identificar-se com o princípio, a unidade do Estado. Isso, todavia, não acontece, e sobre as razões dessa falha Hegel e Maquiavel não são concordes:

> Quando Maquiavel atribui a queda de Cesare Borgia, além de às falhas políticas, também ao acaso [*Zufall*], o qual o jogou à doença precisamente no momento mais crucial [*in dem entscheidendsten Augenblik*], o da morte de Alexandre, nós, por outro lado, devemos avistar em sua queda [*Fall*] a mais alta necessidade [*eine höhere Nothwendigkeit*], a qual não disfruta os frutos de suas ações nem o deixa aperfeiçoar uma potência maior, visto que a natureza, como se pode ver em seus vícios, parece tê-lo determinado a um efêmero esplendor e a ser um mero instrumento na fundação de um Estado [*zu einem blossen Instrumente der Gründung eines Staates*] e também porque o poder, do qual ele afluiu grande parte, não se baseava num direito natural interno nem também externo, mas sim foi fincado pelo estranho ramo da dignidade espiritual de seu tio [*nicht auf einem innern und auch nicht aüssern natürlichen Rechte beruhte, sondern auf den fremden Zweig der geistlichen Würde seines Oheims gepropft war*].[253]

Vejamos como Maquiavel descreve o caso:

> Alexandre morre cinco anos após ele ter começado a desembainhar a espada. Deixando-o somente com o Estado da Romanha consolidado, com todos os outros no ar, entre dois potentíssimos exércitos inimigos, e doente para a morte.[254]

---

[253] HEGEL, Georg Wilhelm Friedrich. "Kritik der Verfassung Deutschlands". In: *Schriften und Entwürfe (1799-1808)*, GW, Bd. 5. Hamburg: Felix Meiner Verlad, 1998, pp. 134-135.

[254] MACHIAVELLI, Nicolau. "Il Principe". In: *Tutte le Opere*. Firenze: Sansoni Editore, 1971, p. 268.

O acaso sobre o qual fala Hegel é em Maquiavel a ocasião, aqui não como conjunção que dá origem a um mundo, mas como encontro destrutivo. Não há erros políticos na estratégia de Valentino segundo Maquiavel ("Raccolte io adunque tutte le azioni del duca, non saprei reprederlo"),[255] [256] nem é o caso da doença entendida como interrupção instantânea da temporalidade linear da ação de um sujeito: há aí precisamente a afirmação de um policronismo que dá lugar à ocasião, a afirmação de que não é o desenvolvimento de um ritmo temporal que determina a queda de Valentino, mas o entrelaçar de mais ritmos plurais pertencentes a níveis ontológicos diferentes, ritmos biológicos (a doença de Valentino, a morte de Alexandre VI), políticos (a eleição de um novo Papa que lhe era desfavorável, a situação interna dos Estados conquistados), militares (a força e o número dos exércitos inimigos). Esse entrelaçar plural é o tecido material daquela "extraordinária e extrema malignidade da fortuna" que o impediu de realizar os seus planos:

> (...) havia no duque tanta ferocidade e tanta *virtù*, e tão bem conhecia como se têm os homens a ganhar ou perder, e tão válidos eram os fundamentos que em tão pouco tempo tinha-se feitos, que, se ele não tivesse tido aqueles exércitos contra si, ou tivesse ficado são, teria lidado com qualquer dificuldade.[257]

Não é fácil compreender exatamente o que entende Hegel quando afirma que a potência que se alcança não se baseava sobre um direito natural interior nem sobre um direito exterior: talvez signifique que não era nem rei por nascimento nem investido por um rei da missão de criar um Estado (como Richelieu na França). É clara, em contrapartida, a referência ao "estranho ramo da dignidade eclesiástica": Hegel acreditava

---

[255] MACHIAVELLI, Nicolau. "Il Principe". In: *Tutte le Opere*. Firenze: Sansoni Editore, 1971, p. 268.

[256] N.T.: "Apreendendo, pois, todas as ações do duque, eu não saberia repreendê-lo."

[257] MACHIAVELLI, Nicolau. "Il Principe". In: *Tutte le Opere*. Firenze: Sansoni Editore, 1971, p. 268.

CAPÍTULO IV - ENTRE LUCRÉCIO E SPINOZA: A "FILOSOFIA" DE MAQUIAVEL

que Valentino fosse sobrinho de Alexandre VI. Tivesse sabido que era o filho do papa, um bastardo, teria provavelmente sublinhado com ainda mais força o ligame entre as suas origens, o seu ser (o seu "efêmero esplendor"), a sua função ("mero instrumento") e o seu fim: um bastardo com razão maior é um mero produto da natureza não inscritível na esfera do direito. Por isso, há uma mais "alta necessidade" em sua queda: não é o simples entrelaçar de diferentes ritmos de materialidade, mas o instante no qual se manifesta a inadequação a uma missão da qual Valentino não podia ser portador.

Sem querer projetar sobre o jovem Hegel categorias da maturidade, parece-me que se pode apreender aqui, em operação, uma concessão à temporalidade que neutraliza totalmente a contingência. A operação é conduzida sobre um duplo plano: sobre o plano político da fundação, no qual o par especular Estado-povo doma a contingência do conflito, no qual está imersa, travestindo a violência do vencedor nos termos jurídicos da pena; sobre o plano histórico da duração, no qual o Estado torna-se o sujeito através do qual escorre a linha-tempo, escorrimento que transfigura toda contingência numa necessidade do destino.

1) Quanto à fundação, Hegel parece sobrepor ao pensamento de Maquiavel uma problemática de tipo hobbesiana. Em Hobbes, o instante da instauração do Estado é comparado à criação:

> Por último, os *pactos* e *convenções* pelos quais as partes desse corpo político foram primeiramente feitas, postas juntas, e unidas, assemelham-se àquele *fiat*, ou o *façamos o homem*, pronunciado por Deus na criação.[258]

O *fiat* que instaura o Estado constitui com o mesmo movimento um povo que na teoria hobbesiana é o "correlato da autoridade despótica",

---

[258] HOBBES, Thomas. *Leviathan*. Indianapolis/Cambridge: Hackett Publishing Company, Inc., 1994, pp. 3-4: "Lastly, the *pacts* and *covenants* by which the parts of this body politic were at first made, set together, and united, resemble that *fiat*, or the *let us make man*, pronounced by God in the creation".

mas que pode também ser pensado, na versão rousseauniana, como "depositário direto dela".[259] Antes do Estado não havia senão anarquia da multidão. A instauração do Estado tem como o seu necessário contragolpe a criação do povo, isto é, um ente que é "*unum* quid, *unam* habens *voluntatem*, et cui actio *una* attribui possit".[260] Nada de tudo isso pode, em contrapartida, ser dito da multidão: "Multitudo cives sunt, hoc est subditi".[261] Portanto, se o povo é o nome daquele que reina no Estado (portanto, na monarquia "o *rei é o povo*") e a *multidão* é o nome dos cidadãos, isto é, dos súditos, segue-se disso que "quando os cidadãos se rebelam contra o Estado, eles são a multidão contra o povo" e não, como queria a doutrina sediciosa, "o Estado [isto é, o povo] contra o rei, que é impossível".[262] Como escreve Virno, "na existência social e política dos muitos enquanto muitos, na pluralidade que não converge numa unidade sintética, [Hobbes] vê o máximo perigo para o 'supremo império', isto é, para aquele monopólio da decisão política que é o Estado".[263]

Justamente aplicando esse esquema, Hegel anula a contingência do conflito que está no centro da teoria política maquiaveliana[264], unifica *de iure*, ideologicamente, a temporalidade plural por cujo entrelaçar todo poder emerge e pode ser suprimido: o instante da instauração do

---

[259] Cf.: ILLUMINATI, A. *Del comune. Cronache del general intellect*. Roma: Manifestolibri, 2003, p. 67.

[260] N.T.: "*um* algo, tendo *uma* vontade, e ao qual se possa atribuir *uma* ação".

[261] N.T.: "A multidão são cidadãos, isto é, súditos".

[262] HOBBES, Thomas. *Elementa Philosophica De Cive*, XII, 8. Amsterodami: Apud Ludovicum Elzevirium, 1647.

[263] VIRNO, Paolo. *Grammatica della moltitudine. Per un'analisi delle forme di vita contemporanee*. Roma: Derive Approdi, 2002, p. 12. Segundo Illuminati, no Hegel maduro de *Grundlinien der Philosophie des Rechts* "completa-se o esquema hobbesiano da transmigração do povo soberano em contraposição à perniciosa insubordinação do *Pöbel*, plebe desafortunada e famélica, a ser deportada periodicamente para as colônias". (*Del comune. Cronache de general intellect, op. cit.*, p. 90).

[264] Sobre o tema do conflito em Maquiavel cf.: DEL LUCCHESE, Filippo. "'Disputare' e 'combattere'. Modi del conflitto nel pensiero di Niccolò Machiavelli" In: *Filosofia politica*, XV (2001), 1, pp. 71-95. Cf. também DEL LUCCHESE, Filippo. *Tumulti e indignatio. Conflitto, diritto e moltitudine in Machiavelli e Spinoza*. Milano: Ghibli, 2004.

CAPÍTULO IV - ENTRE LUCRÉCIO E SPINOZA: A "FILOSOFIA" DE MAQUIAVEL

Estado torna-se o lugar do afirmar-se da liberdade do povo (liberdade regulada por leis contra o arbítrio dos senhores feudais) e, neste mesmo contexto, a violência contra quem se opõe ao Estado adquire a forma jurídica da pena, torna-se negação daquela radical negação de toda ordem civil que é o estado de anarquia multitudinário.

2) No que diz respeito, então, à dimensão histórica, Hegel faz do Estado o padrão da linha-tempo, visto que não se dá história senão unida à sua narração, e não se dá esta última senão onde uma nação adquire uma forma estatal: um só tempo, portanto, e um sujeito que age segundo a lógica meios-fins atravessado por uma "mais alta necessidade", um destino. Trata-se da necessidade do capítulo sobre a efetividade [*Wirklichkeit*][265] da *Ciência da Lógica*, que eleva a contingência e a orienta ao conceito. O que é totalmente neutralizado, na leitura hegeliana, é a potência desmistificante do conceito maquiaveliano de ocasião, o fato de que isto constrinja a pôr toda efetividade histórica no abismo da flutuação das forças da qual emergiu e a mostrar como a memória não seria a duplicação do tempo garantida pelo selo estatal, mas antes o *enjeu* do conflito. Não é um acaso que naquele extraordinário repensar sistemático das categorias do Ocidente filosófico que é a *Ciência da Lógica* não haja nem mesmo uma linha dedicada à *Gelegenheit*, à ocasião.[266] Na ideia em si, na mente de Deus antes da criação

---

[265] N.T.: No original em italiano consta *realtà*. Isso deveu-se ao fato da tradução consolidada da *Ciência da Lógica* em língua italiana ter vertido *Wirklichkeit* por *realtà*. As razões são explicadas pela nota 1 do tradutor no início da Seção 3 da *Doutrina da Essência*, cf.: HEGEL, Georg Wilhelm Friedrich. "La dottrina dell'essenza. Sezione Terza. La Realtà." *In: Scienza della logica*. Tomo secondo. Bari: Editori Laterza, 1981, p. 595. Verteu-se aqui *Wirklichkeit* por *efetividade*, como costumou-se verter em língua portuguesa.

[266] Nenhuma ocorrência é assinalada pelo *Lexicon* de Glokner (*Sämtliche Werke*, Bd. XXIV. Stuttgart: F. Frommann Verlag, 1937). Uma ocorrência é assinalada, contudo, pelo *Register* de Reinicke na *Estética* (*Werke in zwanzig Bänden*, Bd. XX. Frankfurt a. M.: Suhrkamp, 1979, p. 265). A propósito dessa ocorrência, escreveu-me Biscuso: "que Hegel fala aí somente na *Estética*, no coração do exame da 'ação', é uma consequência lógica da sua impostação: a ocasião não pode ser para Hegel uma determinação do pensamento, mas somente uma determinação da 'situação' que recebe o selo da espiritualidade enquanto ocasião de uma ação narrada e, por isto – novamente! – elevada à necessidade (aqui artística)" (BISCUSO, Massimiliano, *per litteras*).

do mundo, não parece haver espaço para a ocasião; ela parece ter um espaço seu, embora irrelevante, no fazer-se espírito, história, da ideia. Numa célebre passagem a propósito da gênese da reforma protestante, Hegel escreve:

> (...) do ponto de vista abrangente, a ocasião é indiferente [*Doch ist im ganzen die Veranlassung gleichgültig*]: quando a coisa é em si e por si necessária, e o espírito é em si pronto, ela pode manifestar-se tanto de um modo quanto doutro.[267]

Portanto, há só um tempo, o tempo do espírito: "Quando se têm inteiramente todas as condições de uma coisa, a coisa passa à existência" [*Wenn alle Bedingungen einer Sache vorhanden sind, so tritt sie in die Existenz*],[268] sempre no horário, no tempo justo, como um excelente ator que aprendeu bem o seu papel. O conceito maquiaveliano de ocasião não afirma simplesmente a contemporânea presença casual de todas as condições, mas mais ainda, a impensabilidade da coisa antes que ela nasça pelas condições, as quais não estão ali para que a coisa entre na realidade, e que, portanto, dizendo propriamente, não são condições (no sentido leibniziano de *requisita*).[269] Aquelas que Hegel chama de condições são em Maquiavel ritmos singulares, com uma história singular, por sua vez resultado impensável, se não *a posteriori*, de outras histórias. É esse entrelaçar de ritmos, de tempos, de forças, de estratégias do homem, da raposa, do leão que Hegel unifica através do par Estado/História, fazendo dele o lugar da manifestação da liberdade no tempo.

---

[267] HEGEL, Georg Wilhelm Friedrich. "Philosophie der Weltgeschichte", *In*: *Sämtliche Werke*, IX, II Hälfte. Leipzig: Felix Meiner Verlag, 1981, p. 877.

[268] HEGEL, Georg Wilhelm Friedrich. *Wissenschaft der Logik. Erster Band: Die objective Logik. Zweites Buch: Die Lehre vom Wesen*. Hamburg: Felix Meiner Verlag, 2015, p. 321.

[269] Sobre o conceito leibniziano de *requisitum* e sobre a sua genealogia cf.: PIRO, F. "Hobbes, Pallavicino and Leibniz's first Principle of Sufficient Reason" *In:* Poser, H. *Nihil sine ratione*, Bd. III, pp. 1006-1013.

CAPÍTULO IV - ENTRE LUCRÉCIO E SPINOZA: A "FILOSOFIA" DE MAQUIAVEL

3. Lucrécio e Maquiavel

Em qual horizonte ontológico é necessário pensar a teoria maquiaveliana da ocasião para nela salvaguardar a contingência entendida como ponto de oscilação, ou seja, para que ela não seja, como em Descartes, sempre já decidida e, pois, levada no círculo vicioso Deus--consciência, ou para que ela não devenha, como em Hegel, o pretexto de uma essência que deve, em todo caso, manifestar-se? Em ambos os casos deriva um olhar deles sobre o acontecimento que anula as suas oscilações: isto que aconteceu, devia acontecer, tinha o direito de acontecer (e isto que não aconteceu, não tinha o direito de acontecer, como testemunha a leitura hegeliana do episódio da desgraça de Cesare Borgia).

Um primeiro passo nessa direção poderia ser feito traçando uma genealogia. Como se sabe, Maquiavel foi um leitor de Lucrécio, na juventude copiou para si o *De Rerum Natura*. Não se trata de fixar nessa obra uma origem simples e transitiva de uma hipotética filosofia de Maquiavel, mas antes de escavar materiais teóricos que o secretário florentino pode ter utilizado em suas análises políticas. Nessa prospectiva, parece-me que se podem individuar na obra de Lucrécio três elementos fundamentais: um rigoroso determinismo, a teoria da contingência de toda forma e uma alusão a uma teoria da temporalidade plural.

4. Os *foedera naturae*

Em muitas retomadas em seu poema, Lucrécio afirma a existência de leis naturais, de *foedera naturae*, que tratam de "o que pode ser, o que não pode, assim o poder finito de cada qual é pela proporção e o limite pegando profundamente" [(...) *quid queat esse, quid nequeat, finita potestas denique cuique quanam sit ratione atque alte terminus haerens*].[270] *Ex nihilo nihil fit*, nada nasce através do nada. Essa proposição é posta

---

[270] *D.R.N.* V, 85 - 90. Cf.: *D.R.N.* I, 75 - 77 e V, 55 - 58.

por Lucrécio na base da sua concepção da natureza. No primeiro livro, depois do célebre elogio de Epicuro e da apologia da sua doutrina, Lucrécio enuncia o *principium cuius exordia sumet*,[271] que permitirá expulsar o temor: "Dado que assim o temor mortal contém todos, / porque guardam muitas [coisas] fazerem-se nas terras e céu, / cujas causas das obras por nenhuma razão podem ver, / então imaginam-se fazerem-se por nume divino":[272] *nullam rem a nilo gigni diuinitus umquam*,[273] nenhuma coisa nasce do nada por um aceno divino. Se, de fato, qualquer coisa pudesse nascer do nada, o universo seria totalmente privado de ordem:

> Porque se do nada se fizessem, através de todas as coisas
> todo gênero poderia nascer, sem precisar de nenhuma semente.
> Primeiro os homens através do mar, através do céu poderia originar-se
> o gênero dos escamosos como pássaros que rompem terra afora;
> a boiada e outros gados, o gênero todo das feras
> teriam os cultivos, então abandonados, por incerto parto.
> Nem os mesmos frutos costumariam constar nas árvores.
> Certamente, se não fossem as genitálias para cada um dos corpos,
> que mãe certa poderia consistir em coisas?
> E agora porque de sementes certas todas [as coisas] se criam,
> daí afora nasce e sai às margens da luz,
> quando está a matéria de cada qual e os corpos primeiros;
> (...)
> Além disso, por que na primavera a rosa, os trigos no calor,
> as uvas no outono vemos difundir-se com persuasão
> se não porque certas sementes das coisas em seu tempo
> cada vez confluíram, o que quer que se descobre se cria,
> quando achegam as tempestades e a vívida terra
> seguramente leva afora as tenras coisas às margens da luz?

---

[271] N.T.: "o princípio do qual se assumirá os exórdios".

[272] *D.R.N.* I, 156-154.

[273] N.T.: "que nenhuma coisa gera-se do nada, jamais pelo divino".

CAPÍTULO IV – ENTRE LUCRÉCIO E SPINOZA: A "FILOSOFIA" DE MAQUIAVEL

> Porque se do nada se fizessem, subitamente se originariam
> em incerto espaço e outras partes do ano,
> certamente se não fossem nenhuns primordiais que
> pelo concílio genital pudessem conter-se em iníquo tempo.[274]

Como disse bem Jean Salem comentando este passo, tudo na natureza tem o seu ritmo, e nisto consiste a regularidade da natureza: "Il serait fort imprudent d'opposer de manière outrée la *nécessité* démocritéenne à un *hasard* censé régir l'univers des épicuriens (...) Lucrèce ne cesse jamais d'invoquer les *foedera naturae*, (...) lesquelles délimitent l'empan des toutes les possibles, la série des choses qui sont susceptibles de naître".[275][276]

A existência dessa regularidade da natureza funda-se sobre a existência de corpúsculos sólidos, os quais são *pollentia simplicitate* [*potentes pela simplicidade*], infinitos pelo número e não pela diferença, que *aeterno tempore* [*no eterno tempo*] permanecem imutáveis:

> Agora, por fim, porque o limite novamente dado geracionalmente,
> de crescimento e de manutenção da vida, consta nas coisas,
> e pelos pactos da natureza cada coisa pode algo,
> algo, consequentemente, não pode, porque surge para sancionar,
> e não se comuta algo qualquer, todas [as coisas] constam a tal ponto que,
> como vários pássaros mostram em ordem as manchas do gênero que estão no corpo,
> decerto devem também contar com o corpo de matéria imortal (...).

---

[274] *D.R.N.* I, 159-183.

[275] SALEM, Jean. *L'atomisme antique. Démocrite, Épicure, Lucrèce*. Paris: Le Livre de Poche, 1997, p. 160.

[276] N.T.: "Seria muito imprudente opor de maneira exagerada a *necessidade* democritiana a um *acaso* presumido reger o universo dos epicuristas (...) Lucrécio jamais cessa de invocar os *foedera naturae*, (...) os quais delimitam a medida de todos os possíveis, a série de coisas que são suscetíveis a nascer."

O ciclo sempre igual das estações, o permanecer das mesmas formas no suceder-se das gerações das espécies viventes parecem ser os exemplos privilegiados dos *foedera naturae*. Como escreve Lucrécio no segundo livro, depois da célebre passagem sobre o *clinamen*, "Por aí, como agora há corpos dos princípios em movimento, / nele houve antes da idade agida / e doravante sempre se levarão por semelhante relação; / e os que se geram tendo juntado se gerarão pela mesma / condição e serão e crescerão e vigorarão pela força, / o quanto a cada qual se deu pelos pactos da natureza".[277]

A imutabilidade das partículas elementares funda a cognoscibilidade da natureza e ao mesmo tempo a norma do que pode ser e, ao contrário, do que é impossível:

> E, todavia, não se deve pensar que de todos os modos conectam-se
> todas [as coisas]; por exemplo, você vê fazerem-se vulgarmente portentos,
> existirem espécies semiferas de homens, e altos
> ramos de corpo vivo algumas vezes afora gerarem-se,
> e muitos terrestres conectarem-se os membros nos marinhos,
> ademais, as quimeras de exalante flama da tétrica boca
> pastarem por terras a natureza de toda progenitura?
> É manifesto que nada disso se faz, uma vez que vemos
> de sementes certas [*seminibus certis*] todas [as coisas] criadas por certa geração
> poderem conservar gênero e crescimento.
> Evidentemente, isto é necessário que se faça por certa proporção [*certa ratione*].[278]

Nesses versos ocorre duas vezes o adjetivo *certus*, determinado, que Jean Salem nos diz ocorrer cerca de 100 vezes no poema: a determinidade

---

[277] D.R.N. II 297-302.
[278] D.R.N. II, 700-710.

CAPÍTULO IV - ENTRE LUCRÉCIO E SPINOZA: A "FILOSOFIA" DE MAQUIAVEL

das sementes, o fato de serem determinadas num dado modo, funda a determinidade da *ratio* que regula o devir, *ratio* que não é nem transcendente nem transcendental: é, de fato, a conformação mesma dos corpos, o seu ser assim e não, de outra maneira, sem uma razão, que determina a possibilidade de sua composição, a possível existência de algumas coisas é a impossível existência de outras. Justamente essa determinidade, que toda coisa que nasce recebe da natureza, faz com que não possam existir criaturas mitológicas, criaturas constituídas de uma dupla natureza:

> Mas não houve Centauros nem nalgum tempo
> pode haver [algo] de dupla natureza e de corpo binário.
>
> ★★★
>
> através de membros alienígenas o poder compactuado,
> d'um lado e d'outro a parte não é de igual força para ser possível.
> Até isto aqui também é permitido aos grosseiros conhecer pela inteligência.
> A princípio, cerca de três anos atuados solicitamente
> floresce o cavalo, de nenhuma maneira um moço: pois até então
> em sonhos buscará amiúde as lactantes abundâncias das mamas;
> Depois que pela idade as robustas forças definham o cavalo
> nos membros idosos fugindo a lânguida vida,
> então finalmente a juventude no jovem florescente pelo evo
> começa e veste as maçãs do rosto de doce penugem;[279]

As criaturas mitológicas não podem existir nem ter existido porque todo ser tem uma temporalidade, um ritmo determinado seu que não pode ser harmonizado, senão na imaginação poética, com aquele de um outro.

---

[279] *D.R.N.* V, 878-889.

5. A contingência de toda forma

A afirmação da existência de pactos da natureza parece fundar um tipo de determinismo no qual é garantido o permanecer das formas: o ciclo das estações, o reproduzir-se das espécies viventes parecem anular toda forma de contingência. O devir é canalizado sob os trilhos de uma necessidade que não admite nenhuma infração. Todavia, não é assim: essa regularidade, esse permanecer cíclico não é o *primum*, mas é um efeito, fundado sobre o abismo daquilo que Jankélévitch definiria propriamente como um policronismo sem harmonia. Escreve Lucrécio:

> E não porque, decerto, em consílio os primordiais das coisas
> se colocariam em ordem por alguma mente sagaz
> nem por alguma [mente sagaz] ‹dariam movimentos que fixassem pelo proveito›,
> mas porque muitas [coisas] de muitos modos mudadas pelo todo através do infinito agitam-se muito excitadas por golpes,
> todo gênero de movimento e coalisão experimentando
> até que devêm a tais disposições,
> pelas quais esta soma criada das coisas consiste,[280]

Na origem da forma não há, pois, nem *telos* imanente, uma natureza entendida em sentido aristotélico como princípio do movimento e do repouso de um dado ser, nem um plano divino (*mens sagacis*), seja ele pensado como imanente ou transcendente. A atual estrutura do universo é, em contrapartida, o resultado de um número infinito de choques, de movimentos, de uniões, resultado de infinitas tentativas num tempo infinito, podemos dizer, desde que nos entendamos sobre o fato de que as tentativas são tais somente a respeito do fato da estrutura atual do universo, *a posteriori*, com um olhar retrospectivo, mas não no sentido que elas em si implicassem incompletude ou imperfeição.

---

[280] *D.R.N.* I, 1021 - 1028. Cf.: *D.R.N.* V, 185-194 e 420-430.

CAPÍTULO IV - ENTRE LUCRÉCIO E SPINOZA: A "FILOSOFIA" DE MAQUIAVEL

Tem-se aqui uma primeira consequência dessa teoria da infinitude dos mundos:

> Agora, de nenhum modo se deve pensar como semelhante à verdade que,
> ubiquamente o vorticoso espaço vacando infinito
> e as sementes de inúmero número e a imensa soma
> de muitos modos volitando no eterno excitadas pelo movimento,
> um se criou este orbe de terras e céu,
> que aqueles tantos corpos nada criam afora;
> principalmente quando este tenha se feito pela natureza e as próprias
> sementes das coisas pelo seu espontâneo entrebater fortuitamente
> coagidas temerariamente de muitos modos em vão e sem escopo
> tenham enfim coalescido, elas que conectadas de repente
> sempre fizeram os exórdios das magnas coisas,
> das terras, dos mares, do céu e do gênero dos animados.
> Consequentemente, uma vez mais é necessário admitir o seguinte:
> que há outros congressos de matéria alhures,
> como há este, o qual o éter mantém com ávido estreitamento.[281]

Uma segunda consequência fundamental é o fato de que o mundo tem um nascimento e uma morte:

> E, contudo, não é como a inânia nem, ademais, faltam corpos,
> os quais através do infinito possam fortuitamente cooriginados
> precipitar por violento turbilhão nesta soma das coisas
> ou importar qualquer outra calamidade de risco,
> nem, doravante, a natureza do lugar e do espaço profundos
> desfalece, para onde podem espargir as muralhas do mundo.

---

[281] *D.R.N.* II, 1052 - 1066.

{Ou por onde quer que seja podem por outra força pulsada
perecer.}
Portanto, não há obstruções do letal para a janela do céu
nem para os sóis e terras nem para as altas ondas do mar,
mas é patente que a devastação impiedosa espera o hiato.
Por aí também é necessário reconhecer estas mesmas [coisas]
nascidas; e, com efeito, as que são de corpo mortal,
elas não puderam desde o infinito tempo até agora
desprezar as robustas forças do imenso evo.[282]

Enfim, a terceira consequência, talvez a mais importante do ponto de vista teórico, é aquela que Althusser chama de o primado do encontro sobre a forma:

A idade, com efeito, muda a natureza do mundo inteiro,
e um estatuído através de outro deve excetuar todas [as coisas],
e nenhuma coisa permanece semelhante a si: todas [as coisas]
migram,
todas [as coisas] comutam quando a natureza coage a verter.
{porque uma putrefaz e langue débil no evo,
logo outra cresce sobre e sai através dos contemptos.
Se, pois, a idade muda a natureza do mundo inteiro,
e um estatuído exceptua através de outro a terra,
[então] o que produziu não poderia, pode o que não produziu
antes.}
E, assim, também muitos portentos prodigiosos que o telúrico cria
foram intentados com face e membros nascidos,
o andrógino, e de ambos distante, nem um nem outro;
parte, privados de pés, parte, privados de mãos;
também mudos sem boca, inventados cegos sem face,
e atados dos membros aderidos pelo corpo inteiro,
para não poderem fazer qualquer [coisa] nem irem a qualquer
lugar
nem evitarem o mal nem tomarem o que tivesse uso.

---

[282] *D.R.N.* V, 366 - 379.

CAPÍTULO IV - ENTRE LUCRÉCIO E SPINOZA: A "FILOSOFIA" DE MAQUIAVEL

> Outros monstros e portentos deste gênero criava,
> em vão, visto que a natureza terrificou o crescimento,
> e não puderam tanger a flor da idade para desejar
> nem achar comida nem se juntar pelo efeito [*res*] de Vênus.
> Muitas [coisas], com efeito, vemos que devem concorrer com as coisas,
> para, propagando, poderem produzir as gerações [*saecla*]: (...).[283]

A regularidade das formas e o seu permanecer cíclico são, na realidade, fundados sobre o abismo. A forma não persiste em virtude da própria teleologia, mas toda forma é o efeito de uma conjunção que só na presença do *concurrere multa rebus* pode devir uma conjuntura, uma conjunção que dura. Fora dito que Lucrécio tinha negado a existência das criaturas mitológicas sobre a base dos *foedera naturae* que regulam o devir das formas, uma vez que estes impedem a um ser natural de ser o composto de dois ritmos temporais completamente diferentes. Essa negação, entretanto, não implica, como se poderia crer com um olhar superficial, a afirmação da imutabilidade e da limitação das formas, mas antes a necessidade de pensar, e não imaginar, a sua real multiplicidade e instabilidade, e, ainda mais radicalmente, a sua existência não só como ritmo entre outros, mas como um *cum-currere*, um correr/escorrer junto, um entrelaçar-se necessário de ritmos, sem o qual nenhuma existência singular poderia jamais se dar. Como escreve Lucrécio, num esplêndido ver, "inter se mortales mutua uiuunt".[284] [285]

6. A temporalidade plural

Nessa prospectiva genealógica, parece-me que podemos começar a esclarecer a teoria maquiaveliana da ocasião: os ritmos plurais dos

---

[283] *D.R.N.* V, 828-848.

[284] *D.R.N.* II, 76.

[285] N.T.: "entre si os mortais mutuamente vivem".

átomos fundam, ao mesmo tempo, a necessidade e a contingência de todo acontecer. Porque se dá a ocasião da geração e da destruição, é necessário pensar mais tempos, mais ritmos e não um tempo só, pelo qual os eventos seriam o pontual aparecer numa série contínua ou descontínua: o sucesso de Richelieu (do Príncipe legítimo), a queda de Cesare Borgia (do usurpador).

Em Lucrécio não há, entretanto, uma teoria elaborada do tempo, antes um aceno e uma alusão. O aceno encontra-se em alguns versos no centro do Livro I, no qual Lucrécio afirma que o tempo não é de nenhum modo uma natureza como o vazio e a matéria, não tem sua subsistência separada das coisas que acontecem, mas deriva do que acontece:

> Além da inânia e dos corpos, pois, nenhuma terceira [coisa] por si
> pode deixar-se contar na natureza das coisas
> (...)
> Igualmente, o tempo não é por si, mas pelas próprias coisas
> segue junto aos sentidos, algo é transpassado no evo,
> então a coisa entrementes insta, o que, evidentemente, doravante se segue;
> e não é admissível que alguém sinta o tempo por si
> demovido do movimento das coisas e em plácido repouso.
> (...)
> para você poder perspicar inteiramente que todos os feitos
> não constam nem são por si assim como o corpo,
> nem existem pela mesma razão pela qual consta a inânia,
> antes para você justamente poder chamar de eventos
> do corpo e do lugar, onde todas as coisas geram-se.[286]

Lucrécio parece expor aqui a teoria da temporalidade que Sexto Empírico atribui a Epicuro, segundo o qual "o tempo é acidente de

---

[286] *D.R.N.* I, 445-482.

CAPÍTULO IV – ENTRE LUCRÉCIO E SPINOZA: A "FILOSOFIA" DE MAQUIAVEL

acidentes, enquanto é conexo aos dias, às noites, às estações, às afecções e à ausência de afecções, aos movimentos e aos estados de repouso", que são "acidentes que sobrevêm a realidades diversas".[287] Não é difícil retraçar uma polêmica com a concepção estoica, mas, talvez mais interessante a respeito de nosso percurso, também aquela com a teoria platônica exposta no *Timeu*, segundo a qual o demiurgo plasma o tempo como "imagem móvel da eternidade que procede segundo o número", gerando "os dias e as noites e os meses e os anos (...) junto à constituição do próprio céu", e doravante, para distinguir e conservar "os números do tempo", "o sol e a lua e os cinco outros astros".[288] As partes do tempo precedem na ordem das coisas plasmadas pelo demiurgo (podemos talvez dizer "logicamente" se não estivéssemos no âmbito de um discurso verossímil) os planetas e os seus movimentos que não são senão instrumentos de mensuração das diferentes partes do tempo, plasmados para este escopo, signos de uma ordem e de uma partição do tempo que lhes preexiste: o movimento de revolução das estrelas fixas é a medida do dia, aquele da lua do mês, aquele do sol do ano, aquele dos outros cinco planetas, por fim, das partes do tempo bem determinadas, embora sem nome.

Quando Epicuro afirma que o tempo é acidente de acidentes das coisas, ele parece refutar justamente uma símile concepção do tempo: o tempo não é a duplicação sensível de uma ideia inteligível, o eterno, mas é o efeito do acontecer das coisas, e, por isso, não pode se pôr como lugar teórico no qual se unifica todo devir, mas é antes o que resulta da pluralidade dos ritmos das coisas existentes.[289] Traduzindo

---

[287] Sexto Empírico. *Adv. Math.* X, 219.

[288] PLATÃO. *Timeo*. Testo greco a fronte. Milano: BUR, 2015.

[289] Dando relevo à distinção epicurea entre *symptomata*, acontecimento, e *symbebekota*, conjunção, Michel Serres chega a afirmar que "a história é sintoma da natureza" e que "o tempo é sintoma de sintomas". A natureza seria o lugar constituído por encontros que deram lugar a conjunções estáveis (*symbebekota*), enquanto que a história seria o lugar constituído por encontros provisórios destes compostos estáveis, eventos (*symptomata*). Tudo isso pode ser aceito desde que se sublinhe, primeiramente, que a natureza, as conjunções estáveis, tem uma história, ou seja, que as regularidades que dão lugar à natureza são, em todo caso, sempre provisórias, tanto

literalmente uma expressão da Carta a Heródoto, o tempo é um "sintoma [*symptoma*] específico" do acontecer das coisas.[290]

Retornando a Lucrécio, encontramos justamente uma alusão a uma teoria plural da temporalidade a propósito da teoria dos *simulacra*, de "certos vestígios das formas, / os quais vulgarmente volitam providos de fio sutil" e que "não podem ser vistos um a um separados".[291] Ora, esses simulacros fluem da superfície dos corpos continuamente, "texturas rerum tenuis tenuisque figuras".[292] [293] Não se trata, pois, de uma ação transitiva através do simulacro do objeto sobre o sujeito da percepção (ação que permitiria dispor sobre uma linha-tempo as percepções sucessivas), mas antes de uma ação da *textura rerum* através da *textura* dos *simulacra* sobre a *textura* do corpo:

> Acaso isso será mais verdadeiro? Porque num tempo,
> o qual sentimos, isto é, uma vez que a voz emite-se uma,
> estão latentes muitos tempos, os quais a razão descobre que estão,
> (...)[294]

In uno tempore, tempora multa latent.[295] Num instante esconde-se um entrelaçar de temporalidade. A queda de Cesare Borgia não é a irrupção do instante simples da criação continuada do Deus cartesiano

---

em sua origem quanto em sua duração; e, em segundo lugar, que o tempo não é somente sintoma dos eventos históricos, mas também das regularidades naturais (cf.: Serres, M. *La naissance de la physique dans le texte de Lucrèce*. Paris: Les Éditions de Minuit, 1977. Trad. pt.: Serres, M. *O nascimento da física no texto de Lucrécio*. São Paulo: EdUnesp/EdUFSCar, 1997, pp. 192 - 196.)

290 EPICURO. *Ad Herod.*, 73.

291 *D.R.N.* IV, 87 - 89.

292 *D.R.N.* IV, 158.

293 N.T.: "tênues texturas das coisas e figuras tênues".

294 *D.R.N.* IV, 794-796.

295 N.T.: "Num tempo, muitos tempos estão latentes".

CAPÍTULO IV - ENTRE LUCRÉCIO E SPINOZA: A "FILOSOFIA" DE MAQUIAVEL

nem da mais alta necessidade hegeliana que permeia a contingência, mas o efeito desse entrelaçar de temporalidades latentes que a razão descobre indo atrás da verdade efetual da coisa e não de sua imaginação.

7. Agostinho, Aristóteles e Maquiavel

Reconstruir a genealogia Maquiavel-Lucrécio permite melhor apreender uma teoria jamais posta explicitamente como tema pelo secretário florentino, mas antes que constitui a condição de possibilidade de sua teoria política. Laurent Gerbier recentemente dedicou uma tese de doutorado ao tecido metafórico dos textos maquiavelianos concernentes ao tempo com o preciso escopo de fazer emergir a teoria neles implícita.

O primeiro movimento de Gerbier, ao antigo sabor historicista, consiste em fazer da teoria maquiaveliana da temporalidade nada além de uma expressão em pensamentos de seu mundo presente, de seu horizonte histórico: as cidades italianas que, dando-se instituições livres a partir do século XI, subtraíram-se da dupla tutela da Igreja e do Estado, subtraindo-se, com isso, da eternidade da revelação e da sempiternidade do império e expondo-se à variação dos tempos, à irrupção da novidade.[296] Disso se segue, segundo Gerbier, a recusa maquiaveliana da metafísica em proveito de uma verdadeira e própria física da política. Nessa prospectiva interpretativa torna-se, contudo, dirimente a questão acerca do conceito de tempo do qual dispõe Maquiavel, isto é, se é o tempo da *Física* aristotélica, no qual os instantes se sucederiam homogêneos e vazios, ou de um tempo que, longe de ser multiplicidade justaposta de instantes tomados *partes extra partes*, simplesmente enumerados, seja, em contrapartida, multiplicidade de tensões, sobrepostas no instante e evisceradas pelo raciocinar sobre o Estado. Gerbier considera que à multiplicidade dos instantes justapostos Maquiavel opõe a

---

[296] GERBIER, Laurent. (Histoire, médecine et politique). *Les figures du temps dans le "Prince" et les "Discours" de Machiavel*. Thèse sous la direction de B. Pinchard, 1999, p. 1.

multiplicidade das fibras do tempo que se entrelaçam a cada momento, justamente porque ele reelabora no pensamento a conjuntura histórica das cidades italianas nas quais não haveria a unidade do tempo sucessivo e homogêneo da Igreja ou do Império, mas o entrelaçar que constitui a novidade do instante.

Segundo Gerbier, Maquiavel teria chegado a essa concepção da temporalidade não tanto lendo a situação política italiana através da conceitualidade lucreciana, mas antes tomando no contrapé a célebre crítica agostiniana da redução do tempo ao movimento:

> Ouvi de certo homem douto que os próprios tempos são o movimento do sol, da lua e dos astros, e não anuí. Por que os tempos, com efeito, antes não seriam os movimentos de todos os corpos? Acaso, de fato, se tivessem cessado as luzes do céu e tivesse se movido a roda do fígulo, não haveria tempo, pelo qual mediríamos esses giros diríamos ou que agem com mórulas iguais, ou, se alguns se movessem mais retardados e outros mais velozes, que uns seriam mais duráveis e outros menos?[297]

O argumento agostiniano é naturalmente funcional ao afirmar a espiritualidade do tempo, ao estabelecer a prioridade do ligame do tempo com a alma antes que com o movimento, entrementes Maquiavel teria aceitado o exemplo com toda a sua radicalidade: "tout mouvement" – escreve Gerbier –"toute opération, toute tension effectuée dans le monde engendre effectivement son temps propre; et c'est de cette multiplicité des temps qu'il faut comprendre les articulations".[298]
[299] O tempo de Maquiavel é um tempo fibroso feito de uma multiplicidade de microcontinuidades entrelaçadas e irredutíveis a uma medida

---

[297] AGOSTINHO., *Conf.*, XI, 23.
[298] GERBIER, Laurent. *Op. cit.*, p. 23.
[299] GERBIER, Laurent. *Histoire, médecine et politique. Les figures du temps dans le "Prince" et les "Discours" de Machiavel*, thèse de doctorat sous la direction de B. Pinchard, 1999, p. 23.

CAPÍTULO IV – ENTRE LUCRÉCIO E SPINOZA: A "FILOSOFIA" DE MAQUIAVEL

neutra e abstrata. Não se pode referir o curso do tempo a um movimento último, "il s'agit seulement de comprendre comment chaque action engendre du temps, ou, plus exactement, engendre dans le chaos des instants un ordre, à son voisinage, que l'on pourra décrire comme 'son' temps".[300] [301]

Seria o objeto de outra pesquisa fazer emergir das análises históricas e políticas dos textos maquiavelianos essa teoria da temporalidade, nas obras principais (*O Príncipe*, *Os Discursos*, *História Florentina*), mas também nas diplomacias e nas cartas: ela é o pressuposto teórico daquelas análises, a implícita condição de pensabilidade da situação concreta na sua real complexidade. Todavia, há um texto em que Maquiavel parece querer expor a sua "filosofia" *apertis verbis*, uma reflexão epistemológica sobre a política, a célebre carta de setembro de 1506 conhecida como "Ghiribizzi al Soderini". Traduzindo o problema numa terminologia estreitamente filosófica, Maquiavel busca aqui entender como, no âmbito político, duas causas diferentes podem produzir o mesmo efeito e duas causas símiles podem produzir um efeito diferente. Eis a 'opinião' do secretário florentino:

> Creio que como a Natureza fez os homens com rostos diferentes também os fez com diferentes engenhos e diferentes fantasias. Disto provém que cada um, segundo seu engenho e fantasia, se governa. E porque, por outro lado, os tempos são vários e as ordens das coisas são diferentes, àquele, as coisas se dão conforme seus desejos, e é feliz quem encontra o seu modo de proceder com o tempo, e, ao contrário, é infeliz aquele que diverge, com suas ações, do tempo e da ordem das coisas. Por isso, pode muito bem ser que dois homens, agindo de modo diferente, tenham um mesmo resultado, porque cada um deles pode conformar-se

---

[300] GERBIER, Laurent. (Histoire, médecine et politique). *Les figures du temps dans le "Prince" et les "Discours" de Machiavel*, thèse de doctorat sous la direction de B. Pinchard, 1999.

[301] N.T.: "trata-se somente de compreender como cada ação engendra o tempo, ou, mais exatamente, engendra no caos dos instantes uma ordem, em sua vizinhança, a qual poderemos descrever como 'seu' tempo".

> com seu encontro, pois são tantas ordens de coisas quantas são as províncias e os Estados. Mas porque os tempos e as coisas universalmente e particularmente mudam com frequência, e os homens não mudam as suas fantasias nem seus modos de proceder, acontece que um tem, durante algum tempo, boa fortuna, e em outro tempo, má fortuna. E, realmente, quem fosse tão sábio que conhecesse os tempos e as ordens das coisas e se acomodasse a elas, teria sempre boa fortuna e se guardaria sempre da má, e veria ser verdadeiro que o sábio comanda as estrelas e os fados. Mas, porque destes sábios não se encontra, tendo os homens antes a vista curta, e não podendo comandar sua natureza, segue-se que a Fortuna varia e comanda os homens e os tem sob seu jugo.[302]

A natureza como variação, sobre a qual Maquiavel insiste em muitas retomadas em suas cartas, é o que interdita a aplicação na política de um modelo de causalidade linear. A pluralidade dos engenhos e a pluralidade das ordens das coisas tornam impensável o tempo como linha sobre a qual se desenvolve, segundo uma lógica instrumental, a ação de um sujeito: o variar dos tempos, do qual fala Maquiavel, é posto precisamente na intersecção dessas duas pluralidades, na qual nenhum espaço é deixado à contingência como ausência de necessidade ou, positivamente, como manifestar-se da liberdade humana; a necessidade é inderrogável, mas não linear, e a contingência é produzida não pela ausência de causas, mas pelo entrelaçar complexo das causas sobre as quais jamais é possível ter uma prospectiva panorâmica, mas somente interna e parcial. Nesse sentido, a Fortuna, que acena Maquiavel ao final do passo, não me parece ser senão o nome mitológico da temporalidade plural.

Ora, a interpretação de Gerbier, da qual tomei os movimentos, é de extremo interesse. A partir dela me será possível mostrar como a teoria

---

[302] MACHIAVELLI, Nicolau. "Epistola 116". *In*: *Tutte le Opere*. Firenze: Sansoni Editore, 1971, pp. 1083 (Trad. Pt.: MAQUIAVEL, Nicolau. "Ghiribizzi ao Soderini" *In*: *Cadernos Espinosanos*, n° 32, 2015).

CAPÍTULO IV - ENTRE LUCRÉCIO E SPINOZA: A "FILOSOFIA" DE MAQUIAVEL

da temporalidade spinozana constituiria a lente filosófica necessária a fim de conceber em toda a sua radicalidade o conceito maquiaveliano de ocasião. Todavia, antes de fazer essa ulterior e definitiva passagem, é necessário atender ao modo em que Gerbier lê Aristóteles: 1) sucessão de instantes homogêneos e vazios externos uns aos outros; 2) tempo como número do movimento da esfera. Parece-me que nessa leitura há um desentendimento e uma simplificação.

1) O desentendimento é o efeito do uso de uma lente interpretativa facilmente reconhecível, a nota de *Sein und Zeit* sobre a gênese do conceito vulgar de tempo de Aristóteles a Hegel. Aqui, numa passagem assaz célebre, Heidegger estabelece um paralelo bastante estreito entre a análise da temporalidade do livro IV da *Física* e da filosofia da natureza do período de Jena de Hegel, e chega a concluir que o segundo teria sido "obtido diretamente" do primeiro:

> Aristóteles vê a essência do tempo [*das Wesen der Zeit*] no νῦν como ὅρος, Hegel toma o agora [*im Jetzt*] como "limite". Aristóteles apreende o νῦν como στιγμή; Hegel interpreta o agora como ponto. Aristóteles caracteriza o νῦν como τόδε τι, Hegel chama o agora de "isto absoluto". Aristóteles, de acordo com a tradição, põe em conexão o χρόνος como σφαῖρα, Hegel sublinha a "circularidade" do tempo.[303]

Num dos seus ensaios mais límpidos, *Ousia e grammé*, Derrida pôs em relevo como a questão seria muito mais complexa[304]. Se tomarmos o texto de Aristóteles, descobriremos que ele se põe sobre o tempo a mesma questão que fora posta sobre o movimento, o infinito, o espaço e o vazio, isto é, *in primis*, se ele diz respeito ao número das

---

[303] HEIDEGGER, Martin. *Sein und Zeit*. Tübingen: Max Niemeyer/Walter de Gruyter, 2006, p. 432 (Trad. pt.: HEIDEGGER, M. *Ser e Tempo*. Tradução, organização, nota prévia, anexos e notas: Fausto Castilho. Campinas: Editora da Unicamp/Editora Vozes, 2012, p. 1165).

[304] DERRIDA, J.acques *Marges de la philosophie*. Paris: Éditions de Minuit, 1972.

coisas existentes ou das não-existentes e, secundariamente, qual seria a sua natureza.[305] Para responder à primeira questão, Aristóteles começa, como habitualmente faz, uma análise do sentido comum. Nessa prospectiva, parece que o tempo "não existe" ou que a sua existência seria "obscura e dificilmente verificável".[306] Se se o toma em exame, deve-se, de fato, verificar que o tempo – seja em sua infinitude seja aquele por nós considerado – compõe-se de passado e futuro. Qualquer parte de tempo que se considere, ela pertence necessariamente a um desses dois grandes domínios, o passado e o futuro. O primeiro, contudo, não é mais, enquanto o segundo não é ainda: como é possível, então, que o tempo tenha uma essência (*ousia*), se as suas partes são não-entes? Certamente, o presente é, mas não é uma parte do tempo, antes ele é o limite entre o passado e o futuro, o elemento infinitesimal de discriminação. Que se o afirme sempre idêntico ou que se o conceba como diverso, se desembocará em dificuldades insolúveis, pois, na realidade, o *nun* não é uma parte do tempo com um ser estável: como escreve com justeza Wieland, "o tempo não consiste em instantes, mas sempre e somente, novamente, em tempos" ["(...) die Zeit gar nicht aus Jetzten besteht, sondern immer nur wieder aus Zeiten"].[307]

---

[305] ARISTÓTELES. *Física I-II*. Trad. de Lucas Angioni. Campinas: Editora da Unicamp. 2010.

[306] ARISTÓTELES. *Física I-II*. Trad. de Lucas Angioni. Campinas: Editora da Unicamp. 2010.

[307] WIELAND, Wolfgang. *Die aristotelische Physik. Untersuchungen über die Grundlegung der Naturwissenschaft und die sprachlichen Bedingungen der Prinzipienforschung bei Aristoteles*. Göttingen: Vandenhoeck & Ruprecht, 1962, p. 323. É extremamente esclarecedora a análise de Moreau: "Le Temps, en effet, est continu, comme la ligne; il renferme, dans cette hypothèse, une infinité d'instants, comme la ligne une infinité de points. Mais à la différence des points qui coexistent dans la ligne, les instants dans le Temps se succèdent, ce qui suppose que continuellement un instant nouveau se substitue au précédent. Or, quand on peut s'effectuer un telle substitution? Le temps étant continu, les instants en nombre infini, jamais on se saisira l'articulation de deux instants successifs; toujours ils seront séparés par une infinité d'instants; la substitution est impossible dans la continuité" ["O Tempo, com efeito, é contínuo, como a linha; ele encerra, nesta hipótese, uma infinidade de instantes, como a linha uma infinidade de pontos. Todavia, diferentemente dos pontos, que coexistem numa linha, os instantes no Tempo sucedem-se, o que supõe que continuamente um instante novo se substitui ao precedente. Ora,

CAPÍTULO IV - ENTRE LUCRÉCIO E SPINOZA: A "FILOSOFIA" DE MAQUIAVEL

A existência do tempo, a presença do *nun* no tratamento aristotélico não é, pois, completamente estabelecida: a exotérica, a análise do sentido comum, conduz, na realidade, a uma aporia. Essa presença não será afirmada nem mesmo no interior do tratamento científico do tempo. Uma vez encontrada a definição de tempo, Aristóteles afirma que o instante, o *nun*, é princípio de continuidade e de divisão do tempo.

> O instante constitui a continuidade do tempo (...): de fato, ele coliga o passado e o futuro; e também o limite do tempo: com efeito, marca o fim do passado e o início do futuro. Isso, contudo, não se nota com a mesma evidência com a qual se notam as propriedades do ponto fixo, porque o instante divide só em potência.[308]

Portanto, o instante divide o tempo somente em potência e, enquanto divide, ele é um acidente do tempo.[309] A sucessão dos instantes abstratos e justapostos, da qual fala Gerbier, parece ser uma ulterior simplificação do desentendimento heideggeriano de um texto extremamente rico e complexo. E se justamente se quer individuar historicamente tal modelo de temporalidade, será antes no empirismo de Locke que se deverá buscá-lo. Em Locke, de fato, a ideia de duração (*duration*), ideia complexa de modo simples, constitui-se com base na reflexão sobre o suceder-se das ideias na nossa mente:

---

quando se pode fazer tal substituição? O tempo sendo contínuo, os instantes em número infinito, jamais se captará a articulação de dois instantes sucessivos; sempre eles serão separados por uma infinidade de instantes; a substituição é impossível na continuidade."] (Moreau J. *L'espace et le temps selon Aristote*. Padova: Editrice Antenore, MCMLXV, p. 91).

[308] ARISTÓTELES. *Física I-II*. Trad. de Lucas Angioni. Campinas: Editora da Unicamp. 2010.

[309] ARISTÓTELES. *Física I-II*. Trad. de Lucas Angioni. Campinas: Editora da Unicamp. 2010. "Enquanto o instante é um limite, ele não é um tempo, mas um acidente do tempo".

> Isso é evidente para qualquer um que, contudo, queira observar o que se passa em sua mente [*what passes in his own mind*], que há uma série de ideias [*a train of ideas*], as quais constantemente se sucedem umas às outras em seu entendimento, enquanto ele está desperto. A *reflexão* sobre esses aparecimentos [*appearences*] de várias ideias, uma após a outra, em nossas mentes, é aquilo que nos fornece a ideia de *sucessão*: e a distância entre quaisquer partes desta sucessão, ou entre o aparecer de quaisquer duas ideias em nossas mentes, é o que chamamos de *duração*. Entrementes estamos pensando, ou entrementes recebemos sucessivamente várias ideias em nossas mentes, sabemos que existimos; e, por isso, chamamos de existência, ou a continuação da existência de nós mesmos, ou de alguma outra coisa, comensurada pela sucessão de quaisquer ideias em nossas mentes, a *duração* de nós mesmos, ou de qualquer outra coisa coexistindo com nosso pensamento.[310]

Estabelecido, na constituição da ideia de duração, o primado da reflexão sobre a "série" ou "cadeia" de ideias a respeito do movimento (o movimento pode ser, de fato reduzido à sucessão de ideias que ele produz na mente), podem-se individuar os elementos primeiros que constituem a duração sustentando-se sobre os anéis da cadeia:

> Essa parte da duração como tal, em que não percebemos sucessão, é aquilo que podemos chamar de *instante*; e é *aquilo que acompanha o tempo de uma única ideia* em nossas mentes, sem a sucessão de outra, em que, todavia, não percebemos nenhuma sucessão.[311]

O primado da reflexão na constituição da ideia de duração e de instante só pode ser afirmado, todavia, uma vez que se constitua uma metafísica da interioridade, em que a mente, e "a constante e regular

---

[310] LOCKE, John. *An Essay Concerning Human Understanding*. P. H. Nidditch (ed.). Oxford: Clarendon Press, 1975, p. 182.

[311] LOCKE, John. *An Essay Concerning Human Understanding*. P. H. Nidditch (ed.). Oxford: Clarendon Press, 1975, p. 185.

CAPÍTULO IV – ENTRE LUCRÉCIO E SPINOZA: A "FILOSOFIA" DE MAQUIAVEL

sucessão de ideias" a que dá lugar, sejam a medida de qualquer outra sucessão (versão subjetiva do tempo absoluto e matemático de Newton, o qual "em si e sua natureza sem relação com qualquer externo, flui uniformemente" [*in se et natura sua absque relatione ad externum quodvis, aequabiliter fluit*]:[312] a mente, redobrando-se sobre si, descobre, não a *textura* lucreciana, complexo do entrelaçar de temporalidades plurais na percepção, mas o simples aparecer de ideias-percepções uma depois da outra. O instante, que em Lucrécio se esconde, que é originariamente opaco e deve ser destrinçado pela razão, é, para Locke, em contrapartida, transparente. Justamente sobre essa transparência Locke fundará a célebre ideia de identidade pessoal do capítulo 27 da segunda parte do *Ensaio*: a identidade da pessoa consiste precisamente na possibilidade que a consciência tem de redobrar-se sobre a linha-tempo e de reconhecer num instante passado aquele mesmo si que é consciente no presente, operação que seria evidentemente complicada por um modelo de temporalidade como aquele lucreciano, no qual atrás do instante aparentemente simples está latente um entrelaçar de tempos.

2) Chegamos agora àquilo que defini como uma simplificação da argumentação de Aristóteles: ela nasce da redução da teoria aristotélica do tempo ao seu êxito último. Retomemos a *Física* IV. Após a análise das opiniões do sentido comum a propósito da lábil existência do tempo, Aristóteles revisa as soluções que a tradição filosófica precedente propôs acerca da natureza (*physis*) do tempo; a partir da análise da tradição, Aristóteles alcança uma primeira e aproximativa conclusão: "o tempo parece ser, sobretudo, movimento e certa mudança (*kinesis kai metabolè tis*)".[313] Todavia, o recurso à tradição não é por si o selo de verdade, mas antes o gatilho de uma dialética que deverá fazer emergir a verdade científica.[314]

---

[312] NEWTON, Isaac. *Philosophiae naturalis Principia mathematica*. Bruxelles: Culture et Civilisation, 1965, p. 5.

[313] ARISTÓTELES. *Física I-II*. Trad. de Lucas Angioni. Campinas: Editora da Unicamp. 2010.

[314] Cf.: sobre isso BERTI, E. "Les méthodes d'argumentation et de démonstration dans la Physique (aporie, phénomènes, principes)". *In*: *La Physique d'Aristote*. De Gandt, F.; Souffrin, P. (Coord..). Paris: VRIN, 1991, pp. 53-72.

Aristóteles mostra como o tempo não pode ser identificado com o movimento:

> A mudança e o movimento de cada coisa são somente na coisa que muda, ou também onde venha a se encontrar a mesma coisa movida ou que muda: o tempo, ao contrário, é igualmente em todo lugar e em toda coisa.[315]

Todavia, com ele deve haver alguma relação, se parte da tradição filosófica terminou por identificá-los: o movimento não é o tempo, embora seja a *conditio sine qua non* do tempo, ou seja, o tempo não é sem o movimento, ele é algo do movimento. Com isso, Aristóteles vai ao limiar daquela definição que se tornará um dos cardinais filosóficos da tradição Ocidental: "o tempo é número do movimento segundo o anterior e o posterior"[316]. Logo antes da definição, ele havia precisado que os conceitos de anterior e de posterior são referidos primariamente ao espaço e ao movimento e somente metaforicamente ao tempo, e logo depois afirmará, para distanciar-se da tradição pitagórica, que se deve compreender o número não como o que numera, mas como o que é numerável ("o tempo é um número, não mediante ao qual numeramos, mas que é ele mesmo numerado"[317]). E aqui chegamos à célebre conclusão: de qual movimento é número o tempo? Da esfera. Por quê? Eis a resposta de Aristóteles:

> Se, pois, o que é primeiro é medida de todas as coisas de mesmo gênero, o movimento circular uniforme é medida em sentido primeiro, enquanto seu número é o que há de mais cognoscível. Portanto, nem o movimento de alteração, nem

---

[315] ARISTÓTELES. *Física I-II*. Trad. de Lucas Angioni. Campinas: Editora da Unicamp. 2010.

[316] ARISTÓTELES. *Física I-II*. Trad. de Lucas Angioni. Campinas: Editora da Unicamp. 2010.

[317] ARISTÓTELES. *Física I-II*. Trad. de Lucas Angioni. Campinas: Editora da Unicamp. 2010.

CAPÍTULO IV - ENTRE LUCRÉCIO E SPINOZA: A "FILOSOFIA" DE MAQUIAVEL

aquele de crescimento e geração são uniformes, ao passo que o movimento local o é. Por conta disso, parece que o tempo é o movimento da esfera celeste, enquanto mediante este movimento mensuramos os outros movimentos e o tempo.[318]

A esse propósito, parecem-me extremamente interessantes as reflexões de Wieland:

> A unidade de medida do tempo não é posta arbitrariamente, mas já figura dada na natureza: a conversão do céu representa a unidade de medida pela qual se numera todos os outros movimentos. O que pode ser apreendido se se levar em conta o modo pelo qual a reflexão procede na *Física*, por uma leve incongruência. Temos aqui, de fato, um exemplo dos efeitos de retorno da cosmologia sobre a física. Daí se pode deduzir que o absoluto e a unidade do tempo (...) constituem em todo caso em Aristóteles não um postulado físico, mas cosmológico.[319]

Ao início do que podemos definir como uma dialética das teorias tradicionais do tempo, Aristóteles, levando em consideração a concepção de Arquitas, segundo a qual o tempo seria o movimento da própria esfera do universo, tinha formulado a seguinte objeção:

> Se houvesse mais céus (*oi ouranoi*), o tempo seria o movimento de cada um destes, de sorte que mais tempos seriam simultâneos.[320]

---

[318] ARISTÓTELES. *Física I-II*. Trad. de Lucas Angioni. Campinas: Editora da Unicamp. 2010.

[319] WIELAND, Wolfgang. *Die aristotelische Physik. Untersuchungen über die Grundlegung der Naturwissenschaft und die sprachlichen Bedingungen der Prinzipienforschung bei Aristoteles*. Vandenhoeck & Ruprecht: Göttingen, 1962, p. 415.

[320] ARISTÓTELES. *Física I-II*. Trad. de Lucas Angioni. Campinas: Editora da Unicamp. 2010.

A objeção de Aristóteles a Arquitas pode ser voltada contra o próprio Aristóteles. Se o tempo é o número do movimento da esfera, a existência de mais esferas, de mais universos, daria lugar à existência de mais relógios do ser simultâneo, que, todavia, poderia definir-se como tal somente referindo-se à medida comum (mas, então, não haveria mais universos, e sim partes de um universo maior), ou estabelecendo que o tempo de um desses deve constituir a unidade de medida para os outros: neste segundo caso, contudo, o relógio do ser se revelaria em sua essência última como infundado, como pura convenção.

8. Spinoza: Tempo, Duração, Contingência

Portanto, podemos concluir que em Aristóteles há uma sobredeterminação cosmológica do tempo físico, que impõe a esfera como relógio do ser (assim como, naturalmente, sobre um nível puramente físico o fundamento de qualquer outro tempo – número das mudanças de geração e corrupção, de alteração, de aumento e diminuição e dos deslocamentos locais no mundo sublunar – na regularidade teleológica da forma) e em Descartes uma sobredeterminação teológica do tempo da *res extensa* que faz da linha o tempo da história (se acreditamos em Althusser, trata-se da mesma estrutura da temporalidade presente no pensamento de Hegel[321]). Para encontrar um pensamento no qual haja um universo infinito e um Deus imanente devemos nos voltar a Spinoza: somente com Spinoza podemos chegar a pensar filosoficamente o conceito de ocasião maquiaveliano.

Se tomarmos a célebre carta spinozana sobre o infinito, descobriremos que os termos fundamentais da ontologia spinozana, a substância e os modos, são inteiramente traduzíveis em termos temporais: a temporalidade da substância é a eternidade, enquanto a temporalidade do modo é a duração. O tempo introduz-se, além disso, como medida

---

[321] Cf.: o esboço de uma teoria da história em ALTHUSSER, Louis. "L'Objet du Capital" In: Althusser, L. et alii. *Lire Le Capital*. Paris: PUF, 1996, pp. 272-309.

CAPÍTULO IV - ENTRE LUCRÉCIO E SPINOZA: A "FILOSOFIA" DE MAQUIAVEL

das durações. A fim de compreender a articulação spinozana entre duração e tempo, é necessário referir-se à teoria cartesiana do espaço e do tempo, exposta nos *Princípios de filosofia*. Vimos como Descartes chega, através de sua teoria da *res extensa*, a determinar todo movimento como mensurável com relação a outro e que nenhum destes é imóvel. Ora, enquanto uma coisa persiste em seu ser, podemos dizer que dura, que tem uma duração específica que, obviamente, pode ser colocada temporalmente somente tomando como termo de medida outras coisas que duram. O tempo não é senão a medida dessas durações com base numa duração regular: o movimento dos planetas. Em geral, as referências espaço-temporais de um corpo não podem ser dadas a respeito de um sistema de referência absoluta, mas somente a respeito do lugar e da duração de outros corpos. Como fora dito, é a criação divina que reinstitui no abismo da *res extensa* a linha-tempo do ser.

Spinoza, fazendo de Deus a causa imanente e não transcendente do mundo e da vontade um efeito e não uma causa, faz da temporalidade da *res extensa* a única temporalidade, estendendo-a também ao atributo pensamento. Tanto a continuidade temporal dos instantes quanto a descontinuidade de um instante a respeito da linha-tempo fundam-se sobre a transcendência da vontade divina: a criação continuada corta secções contemporâneas de matéria assim subjugando a pluralidade à decisão da vontade divina (quer ela seja pela continuidade ou pela descontinuidade). Tudo isso, em Spinoza, dá lugar a uma teoria da temporalidade plural, na qual a infinita multiplicidade das durações não é suscetível de totalização, visto que a eternidade não é o resultado da soma das durações, portanto ela não é uma duração indefinida. O conceito de *connexio* constringe-nos a um pensamento mais radical, a conceber as durações como efeitos de encontros de ritmos ao infinito: isto significa que a partir do conhecimento de uma duração existente nós podemos acessar aquele das durações existentes com relação a esta (que são ligadas a ela), seja sob a forma abstrata e inadequada do tempo, que absolutiza um ritmo particular fazendo dele a medida de todos os outros, seja sob a forma da eternidade, concebendo de modo adequado a constituição relacional do tempo enquanto conexão complexa de durações e tomando distância de toda tentativa de ancoragem metafísica do tempo na totalidade (como, por exemplo, aquela do modelo do escólio geral dos *Principia* de Newton, segundo o qual o tempo é constituído pela omnipresença de Deus de modo tal que todo movimento indivisível da duração dura ubiquamente). Então, não podem se dar simultaneidades e sucessões absolutas. Não há sucessões e simultaneidades senão em relação a e por causa dos encontros individuais de ritmos, de relações de velocidade e de lentidão particulares.

Dá-se, todavia, um problema. Quando Spinoza exclui que se possa entender a eternidade em termos de sempiternidade na *explicatio* da def. 8 da Primeira Parte da *Ethica*, ele parece, por isto mesmo, indicar uma concepção de eternidade entendida como eterno presente ou simultaneidade absoluta. A página literariamente mais bela dedicada a uma leitura desse gênero é certamente aquela do *Princípio Esperança* de Ernst Bloch:

> O mundo expõe-se aqui como um *cristal, com o sol no zênite, então que sobre nenhuma coisa lança uma sombra.* (...) Falta o tempo, falta a história, falta o desenvolvimento e, especialmente, toda multiplicidade concreta no oceano da substância. (...) O spinozismo expõe-se como se fosse eterno meio-dia na necessidade do mundo, no determinismo de sua geometria e de seu despreocupado e não-situado cristal – *sub specie aeternitatis*.[322]

A contração da pluralidade do mundo num eterno presente anularia todo espaço teórico para a ocasião, ela seria precisamente a negação de sua possibilidade. Não somente a ocasião seria inessencial a respeito do manifestar-se da essência como em Hegel, mas a essência seria sempre já manifestada numa absoluta simultaneidade a respeito da qual o escorrer do tempo não seria senão o efeito ilusório de um conhecimento inadequado do mundo (com o conseguinte colapso da duração sobre o tempo, como na interpretação hegeliana de *Glauben und Wissen* [Fé e Saber]).

---

[322] BLOCH, Ernst. *Das Prinzip Hoffnung*. Frankfurt a.M.: Suhrkamp, 1969, pp. 999-1000.

CAPÍTULO IV - ENTRE LUCRÉCIO E SPINOZA: A "FILOSOFIA" DE MAQUIAVEL

A respeito de tal interpretação se podem opor dois argumentos, um de ordem filológica e outro de ordem analógica, ambos, todavia, não conclusivos.

O argumento filológico é de extrema simplicidade: a tradição teológica ocidental, de Boécio a Tomás e outros, tinha forjado certo número de expressões para definir a temporalidade de Deus a respeito daquela mundana, dentre elas, a mais célebre, a *nunc stans* ou *tota simul*. Spinoza jamais se utiliza, em toda a sua obra de maturidade, de expressões desse gênero: em nenhum lugar afirma que *aeternitas est nunc stans* ou *tota simul*.[323] Essas expressões estavam à mão, podemos defini-las como o abecedário da teologia, e, não obstante, Spinoza não as utiliza jamais, nem sequer uma só vez. Parecem-me indicações ao menos de que ele pudesse compreendê-las como fontes de desentendimentos e erro, não à altura de sua teoria da eternidade. Parece-me, a esse propósito, que não somente a presença de uma palavra deva ser considerada como prova filológica relevante, mas também a sua ausência quando seria esperado observá-la num determinado contexto.

O argumento analógico parece-me que pode ser proposto nesses termos: a especificidade da estratégia filosófica spinozana consiste no esvaziar as palavras da tradição do sentido sedimentado através dos séculos para dar-lhes uma nova conceituação através de um sistema de relações inteiramente novas. O exemplo mais notável é o trabalho filosófico que Spinoza desenvolve em torno do termo "Deus": posto ao centro da Primeira Parte da *Ethica*, ele é esvaziado de todo significado religioso e teológico, tornando-se o nome da cega potência da natureza. Considerando que exemplos análogos poderiam ser exibidos a respeito dos termos como "substância", "indivíduo", "mente", "direito" *etc.*, não há razão para se maravilhar com o fato de que Spinoza tenha proposto um conceito inaudito através do termo *aeternitas*, cuja história é tão antiga quanto o Ocidente e é inextrincavelmente entrelaçada às suas diferentes figuras do divino. Contra quem, todavia, continua sustentando uma

---

[323] Sobre isso cf.: MORFINO, Vittorio. *Il tempo e l'occasione. L'incontro Spinoza Machiavelli*. Milano: LED, 2002, pp. 160-181.

interpretação da eternidade no sentido de simultaneidade ou eterno presente, pode-se responder somente que ela torna simplesmente ininteligível toda a produção filosófica madura de Spinoza, excetuando-se a Primeira Parte e a Quinta Parte da *Ethica* (mas também aqui se é constrangido a fechar-se os olhos defronte páginas e páginas). Spinoza teria dedicado a maior parte de seu trabalho às sombras da imaginação, das paixões, das religiões, da história e da política, justamente sabendo que estas não são senão ilusões do ponto de vista do eterno meio-dia da substância, da absoluta simultaneidade. E querendo acrescentar um ponto de perfídia, se poderia entregar esses intérpretes à célebre objeção de Kojève na *Nota sobre eternidade, tempo e conceito* em seu *Curso*:

> (...) o Sistema de Spinoza é a encarnação perfeita do absurdo. Com efeito, se Spinoza diz que o Conceito *é* a Eternidade, ao passo que Hegel afirma que *é* o Tempo, eles têm em comum que este não é uma *relação*. (...) Em ambos os casos é o *próprio* Ser que se reflete sobre si *mesmo* no e pelo ou – ainda melhor – enquanto Conceito. O Saber absoluto que reflete a totalidade do Ser é, pois, tão fechado nele mesmo, tão "circular", quanto o próprio Ser em sua totalidade: não há nada fora deste Saber, como não há nada fora do Ser. Todavia, há uma diferença essencial: o Ser-conceito de (...) Spinoza é *Eternidade*, ao passo que o Ser-conceito de Hegel é *Tempo*. Consequentemente, o Saber absoluto spinozista deve ele também *ser* a Eternidade. Isso quer dizer que ele deve excluir o Tempo. Dito de outra maneira: não há necessidade de tempo para realizá-lo; a "Ética" deve ser pensada, escrita e lida num piscar de olhos. E está aí a absurdidade da coisa. (...) Spinoza (...) deve *ser* Deus desde toda eternidade para poder escrever ou pensar sua "Ética".[324]

Salva-se a eternidade (e com ela aquele *quid* de transcendência que nela permanece) e perde-se Spinoza!

---

[324] KOJÈVE, Alexandre. *Introduction à la lecture de Hegel*. Paris: Gallimard, 1947, pp. 351-354.

CAPÍTULO IV - ENTRE LUCRÉCIO E SPINOZA: A "FILOSOFIA" DE MAQUIAVEL

Concluindo, parece-me que se se entende corretamente a relação das durações em termos de articulação, a eternidade deve ser pensada como imanente ao entrelaçar das durações, sem, no entanto, violar a proibição spinozana de pensá-la em termos temporais (nela, de fato, não há "quando, antes nem depois").[325] Se ela é pensada como contração de todo tempo, destrói-se o sistema relacional das durações. Se ela é pensada em termos temporais, destrói-se o conceito de eternidade. Trata-se, então, talvez de tentar pensá-la como o princípio de objetividade da relação das durações (e, enquanto tal, não imersa na temporalidade, do mesmo modo que em Aristóteles a alma é princípio do movimento do corpo, mas não está ela mesma em movimento), que consiste tanto em sua necessidade (em sua inteligibilidade) quanto na proibição de projetar sobre a totalidade a temporalidade modal através da ontologização dos *auxilia imaginationis*, isto é, do tempo, da medida e do número. O conhecimento *sub specie aeternitatis* não é, de maneira nenhuma, não-situado como diz Bloch, privado de sombra, mas antes é o conhecimento da realidade umbrátil, ou melhor, protegendo-se dos efeitos da metáfora platônica, é o conhecimento dos encontros e relações, conhecimento que deriva do conhecimento da totalidade enquanto causa imanente, mas que não é jamais conhecimento da eternidade em si mesma, visto que a substância não cai sob o intelecto infinito como um objeto entre outros, mas como relações complexas de objetos (isto é, como *connexio*). Noutras palavras, a eternidade da substância, sendo a estrutura imanente dos encontros dos modos que duram, não se dá jamais a ver em presença, como no saber absoluto da *Fenomenologia do Espírito*, mas somente no entrelaçar finito de um fragmento de eternidade, que é eterno precisamente porque é liberado de toda hipostasiação do tempo, isto é, de toda imagem antropomórfica da eternidade.

Se tomarmos em exame a análise do Livro Sagrado no *TTP*, confirmaremos essa leitura. Aquilo de que trata o capítulo VII é

---

[325] EIP33S: "(...) At cùm in aeterno non detur *quando, ante,* nec *post* (...)". Para uma interpretação de sentido oposto a este passo e, em geral, da eternidade em Spinoza. cf: D'ANNA, Giuseppe. *Uno intuito videre. Sull'ultimo genere di conoscenza in Spinoza*. Milano: Ghibli, 2002.

precisamente a desconstrução do mito segundo o qual o Livro conteria o segredo do tempo (contraído justamente na simultaneidade de suas páginas nas quais é espelhada a eternidade de seu autor), através da tentativa de reconstrução das histórias singulares na qual o entrelaçar produziu o efeito-unidade do livro. Quando, no capítulo VII, Spinoza demonstra que o Pentateuco, o livro de Josué, dos Juízes, de Ruth, de Samuel e dos Reis não são autógrafos, ele levanta a hipótese de que se trata de uma única história escrita muitos séculos depois presumivelmente por Esdras, o qual, todavia, nenhuma:

> outra [coisa] fez que coligir histórias através de diversos escritores e, por vezes, não fez senão descrevê-las, e ainda não as deixou aos posteriores examinadas nem ordenadas. (...) Por aí, não há dúvida de que, se tivéssemos os próprios historiadores, a própria coisa diretamente constaria; mas porque, como disse, somos delas destituídos, somente isto resta para nós para examinarmos as próprias histórias: justamente a ordem e conexão delas, a vária repetição e, enfim, a discrepância na computação dos anos, para podermos julgar sobre as demais.[326]

Se a voracidade do tempo (*tempus edax*) não tivesse destruído as obras dos historiadores dos quais Esdras se serviu, seria, segundo Spinoza, fácil mostrar o tecido plural do Texto Sagrado, que, em todo caso, pode-se fazer emergir também através de um puro exame de suas incongruências.

Quanto, em seguida, aos livros proféticos, Spinoza observa que é necessário contextualizar cada livro singular, mostrar como ele é o efeito de um entrelaçar de temporalidades extremamente complexo:

> Por fim, essa história deve narrar o caso de todos os livros dos profetas, dos quais a memória há em nós, evidentemente, a vida,

---

[326] *TTP* IX (G III : 115-116).

CAPÍTULO IV - ENTRE LUCRÉCIO E SPINOZA: A "FILOSOFIA" DE MAQUIAVEL

> os costumes e as instruções dos autores de cada um dos livros, qualquer que tenha sido, em qual ocasião, em que tempo, por quem e, por fim, em qual língua foram escritos.[327]

A eternidade da revelação está imersa na pluralidade material da história, no sistema de relações e de encontros de ritmos singulares que constituiu cada livro singular enquanto tal e o seu agrupamento num único *corpus*. A ocasião aqui domina a cena, não como infração da necessidade (dado que nada disso que constitui a história de cada livro viola as leis da natureza), mas como sua figura preeminente, não somente quando aparece em pessoa no texto, mas através de todas as condições (que são como tais naturalmente somente *a posteriori*) que mostram a pluralidade de ritmos a partir dos quais a aparente simplicidade do efeito-livro é constituída.

A respeito, então, da Sagrada Escritura deve-se analisar:

> Consequentemente, a fortuna de cada livro, justamente de que modo anteriormente tenha sido aceito, e em quais mãos tenha incidido, em seguida, quantas de suas várias lições tenha sido, e de quais consílios tenha sido aceito entre os sacros, e, por fim, de que modo todos os livros, admitindo-se que todos agora são sacros, tenham sido juntados num corpo.[328]

O sentido da Escritura não pode, pois, ser lido em transparência, não é o lugar da palavra como verdade, mas uma opaca estratificação de sentidos depositados por ritmos temporais diferentes que devem ser reconstituídos, onde possível, através de um olhar arqueológico.

Parece-me, portanto, que somente no horizonte teórico spinozano se pode chegar a pensar corretamente o conceito maquiaveliano

---

[327] *TTP* VII (G III : 101).
[328] *TTP* VII (G III : 101).

de ocasião; e, a contragolpe, o conceito de ocasião permite pensar com justeza a causalidade imanente. Os dois conceitos vêm pensados um noutro, um através do outro, como duas faces (individual e global) da mesma moeda. De fato, se pensarmos a ocasião na causalidade imanente, evitar-se-á pensar a contingência como irrupção messiânica da eternidade num tempo linear que ela excede e, do mesmo modo, se pensarmos a causalidade imanente na ocasião, evitar-se-á petrificar a contingência através do modelo mecanicista ou expressivo.[329]

9. Spinoza intérprete de Maquiavel

Após esse longo *détour* pela teoria da temporalidade, podemos retornar à filosofia política e, em particular, à interpretação spinozana da teoria política de Maquiavel, que Spinoza confia a duas célebres passagens do *Tratado Político*.

Essa obra contém duas referências explícitas a Maquiavel que são objeto, em ambos os casos, de um tratamento relativamente amplo. Maquiavel é nomeado pela primeira vez no último parágrafo do capítulo V dedicado à "situação ótima para qualquer tipo de Estado"; em seguida, no primeiro parágrafo do capítulo X, que trata das causas de dissolução do governo aristocrático.

Leiamos a primeira passagem de Spinoza:

> De quais meios o príncipe, que se leva somente pela libido de dominar [*dominandi libidine*], deve usar-se para poder estabelecer e conservar o império, o acutíssimo Maquiavel mostrou prolixamente; a que fim, todavia, parece não constar o suficiente.

---

[329] Aqui naturalmente me refiro àquelas célebres páginas de Althusser (ALTHUSSER, Louis. "L'objet du *Capital*". In: *Op. Cit.*, pp. 396-411) nas quais, todavia, nem o conceito de ocasião nem o de encontro são tematizados, e que, no entanto, são provavelmente as peças teóricas faltantes a fim de esclarecer algumas enigmáticas expressões como "causalidade estrutural" ou "metonímica".

CAPÍTULO IV - ENTRE LUCRÉCIO E SPINOZA: A "FILOSOFIA" DE MAQUIAVEL

> Se, no entanto, teve-o bom, como deve-se crer do homem sapiente, parece ter sido, como tinha mostrado, o quanto muitos imprudentemente se esforçam, através de um meio, a tolher o tirano, uma vez que, todavia, as causas pelas quais o príncipe é tirano não podiam ser tolhidas, mas, pelo contrário, quanto mais se punham, tanto maior a causa do que se deve temer mostrava-se ao príncipe; o que se faz, já que a multidão deu exemplos ao príncipe e no parricídio, como se sobre uma coisa bem gesta, gloria-se. Ademais, ele quis mostrar, por ventura, quanto a multidão livre deve acautelar-se para não crer absolutamente sua salvação num só, quem, a não ser que seja vão e estime-se que pode agradar a todos, deve quotidianamente temer insídias, e, por isso, antes se acautela, e constrange-se mais a insidiar contra a multidão que se aconselhar; e mais aduzo que se deve crer isto sobre o prudentíssimo homem, pois consta que tenha sido pró--liberdade, também ao defendê-la deu salubérrimos conselhos.[330]

Esse passo ocupa uma posição teórica chave na obra: fecha os primeiros cinco capítulos teóricos, capítulos nos quais Spinoza forja os instrumentos conceituais que lhe permitirão construir uma modelização das diferentes formas de poder (não poderia ser mais radical neste sentido a recusa do empirismo ingênuo, da *experientia sive praxis* como fonte direta do saber político), capítulos que tinham tido início em puro espírito maquiaveliano no *T.P.* I, 1, onde Spinoza, ecoando o célebre capítulo XV de *O Príncipe*, afirma que os filósofos "não concebem os homens, de fato, como são, mas como queriam que eles fossem" [*Homines namque non ut sunt, sed ut eosdem esse uellent, concipiunt*]".[331]

O início e o fim da parte geral do *T.P.* são, pois, referências a Maquiavel. Entre o primeiro parágrafo do primeiro capítulo e o sétimo do quinto, Spinoza expõe a sua ontologia da política (dominada, obviamente, pela equação *jus sive potentia* e pela individuação de um novo sujeito político, a *multidão*), constrói conceitualmente o objeto específico

---

[330] *TP* V, §7.
[331] *TP* I, §1.

da ciência da política, sem o qual a modelização das diferentes formas de poderes seria impossível e a experiência seria cega, ou melhor, seria atravessada pela imaginação teológico-moral.

Através desse percurso, Spinoza endereça duas questões a Maquiavel: em primeiro lugar, "qual é o objeto da filosofia política?", isto é, em última análise, "o que é a teoria política?", e, em segundo lugar, "qual é a finalidade da teoria política?". Spinoza responde essas duas questões através de sua interpretação de Maquiavel:

– o objeto específico da teoria política, que pode ser produzido somente traçando uma linha de demarcação a respeito das ilusões da moral e da utopia, é constituído do entrelaçar de paixões que constitui e atravessa a sociedade, entrelaçar cujo nome próprio é *multidão*;

– a sua finalidade reside na tentativa de produzir os efeitos de liberdade a partir do conhecimento desse entrelaçar, por uma determinada configuração da *multidão*.

Retomemos mais detidamente a interpretação spinozana de Maquiavel. Inicialmente, com a afirmação de que o propósito de *O Príncipe* é o de expor os meios através dos quais um senhor, movido pela pura *libido dominandi*, pode fundar e manter um *imperium*, Spinoza interroga-se sobre as finalidades reais da obra. Com efeito, tornar público um texto desse gênero implica revelar esses meios ao povo e, pois, em parte, neutralizá-los, como amplamente se sublinhou na tradição interpretativa republicana de Maquiavel, de Gentili a Alfieri, de Rousseau a Foscolo.

O carácter paradoxal da teoria política exposta em *O Príncipe* é, assim, plenamente apreendido. Contrariamente à maior parte das interpretações, o paradoxo para Spinoza não se inscreve no dilema monarquia/república que pareceria requerer uma tomada de posição abstrata a favor de uma ou de outra forma de governo. O tecido de temporalidades plurais que constituem o próprio ser da *multidão* torna impensável uma intervenção política que, baseando-se sobre a abstrata

CAPÍTULO IV - ENTRE LUCRÉCIO E SPINOZA: A "FILOSOFIA" DE MAQUIAVEL

ideia do melhor regime possível, não leve em conta essa complexidade, pretendendo instituir no instante criador (no *fiat* hobbesiano) uma secção de essência.

Toda intervenção política deve ser, em contrapartida, pensada dentro dessa trama de temporalidades da qual a *multitudo* é constituída, toda intervenção deve ter um caráter estratégico – isto é, levar em conta o complexo jogo das paixões, dos hábitos e dos costumes – e que não seja jamais puramente instrumental. Por essa razão, em presença de causas estruturais que levam o Príncipe a comportar-se como um tirano, o tiranicídio é inútil e privado de qualquer sentido, pois é um ato que não pode melhorar a situação e, antes do mais, arrisca piorá-la. No caso de uma multidão livre, as mesmas causas estruturais tornam privado de sentido pôr nas mãos de um só homem todo o poder; de fato, um Príncipe, não podendo ser amado por todos, terá o contínuo temor de que uma parte do povo rebele-se. O que Spinoza recusa, reproduzindo de resto literalmente algumas argumentações maquiavelianas, é a ideia de que a ação política possa ser pensada como a irrupção do instante na linha-tempo: tanto a violência do tiranicídio quanto aquela que dá lugar à instauração de um tirano são tornadas vãs pela complexidade do entrelaçar de temporalidades que atravessam a multidão. Isso não significa que as mudanças radicais não sejam possíveis: ele diz simplesmente que são extremamente raras, pois é difícil dar cabo de uma ação política capaz de transformar em favor próprio o entrelaçar complexo de temporalidades que constitui a conjuntura sem fazer a ação política transtornar-se. Tomemos, por exemplo, a descrição maquiaveliana da estratégia de Cesare Borgia a respeito da eleição do novo Papa:

> (...) ele tinha de duvidar (...) que um novo sucessor da Igreja não lhe fosse amigo e buscasse tolher-lhe aquilo que Alexandre lhe tinha dado. Do que penso assegurar-se de quatro modos: primeiro, extinguir todos de linhagem de sangue daqueles Senhores que ele tinha espoliado, para tolher do papa aquela ocasião; segundo, cooptar todos os fidalgos de Roma, como se disse, para poder com estes ter o papa sob freios; terceiro, reduzir

> o Colégio [de Cardeais] [a ser] tão seu quanto possível; quarto, adquirir tanto poder [*imperio*], antes que o papa morresse, que pudesse por si mesmo resistir a um primeiro ímpeto [do novo papa].[332]

Estratégia complexa que, segundo Maquiavel, leva perfeitamente em conta a complexidade da conjuntura: tempo entre outros tempos, mas não irrupção do instante do direito de Deus ou da mais alta necessidade; intervenção – potente e, ao mesmo tempo, frágil – na conjuntura. Potente porque reconhece a necessidade de uma ação extremamente articulada imposta pela complexidade da situação, frágil porque elemento de uma complexidade não dominável pelo externo: a contemporaneidade da morte de Alexandre e de sua doença tornaram vã essa estratégia.

Vamos agora à segunda citação. Ela encontra-se no primeiro parágrafo do capítulo X, dedicado à análise das causas da alteração ou da destruição do governo aristocrático, que sucede aos dois capítulos dedicados ao Estado aristocrático (simples, sobre o modelo veneziano, ou federal, sobre o modelo holandês), precedidos pelos dois capítulos dedicados à monarquia. Aqui Spinoza interroga Maquiavel segundo uma nova prospectiva: não se trata aqui de pensar as condições da ação política que funda um Estado ou que produz uma mudança de forma de governo, mas antes da ação que pode conter a dissolução à qual é destinada toda forma de governo:

> Sobeja-se ambos os impérios aristocráticos com os fundamentos explicados e mostrados para inquirirmos se acaso por alguma causa culpável possam dissolver-se ou em alguma outra forma mudar-se [*dissolvi, aut in aliam forma mutari*]. A causa primária, pela qual dessa maneira dissolvem-se, é aquela que observa o acutíssimo Florentino no livro III, capítulo 1 dos *Discursos sobre a Primeira Década de*

---

[332] MAQUIAVEL, Nicolau. *Il Principe,* VII In: *Tutte le Opere.* Firenze: Sansoni, 1971, p. 268.

CAPÍTULO IV - ENTRE LUCRÉCIO E SPINOZA: A "FILOSOFIA" DE MAQUIAVEL

> *Tito Lívio*, evidentemente, que no império, assim como no corpo humano, *quotidianamente se agrega algo, porque por vezes precisa de cura*, e, por isto, é necessário, diz ele, que por vezes aconteça algo pelo qual o império reduza-se ao seu princípio [*imperium ad suum principium redigatur*], pelo qual começou a estabelecer-se. O que se não tiver acontecido dentro do tempo devido, os vícios crescem na medida dele, não podendo tolherem-se senão com o próprio império. E isto, acrescenta ele, ou pode acontecer ao acaso, ou pelo consílio e prudência das leis ou da exímia virtude de um homem [*vel casu contingere potest, vel consilio et prudentia legum aut viri eximia virtutis*]. Não podemos duvidar que esta coisa seja de máximo peso, e que, quando deste incômodo não seja previsto, o império não poderá permanecer pela sua virtude [*sua virtute*], mas somente pela fortuna [*fortuna*]; e, contrariamente, quando terá sido aplicado o remédio idôneo a este mal, ele não poderá cair pelo seu vício, mas somente por algum fado inevitável [*inevitabili aliquo fato*] (...).[333]

A repetição de Maquiavel permite a Spinoza estabelecer um estreito paralelo entre os *imperia* e o corpo humano, a cujo propósito escreve na *Ethica* que, "para conservar-se, (...) precisa de muitíssimos outros corpos pelos quais vem continuamente quase regenerado".[334] O que significa esse postulado senão que a duração de um corpo nada tem que ver com a cadeia de instantes lockeana, mas é antes uma *textura* de durações (e aqui Lucrécio é a fonte comum de Maquiavel e Spinoza), na qual o papel do *principium individuationis* [*princípio de individuação*] é desempenhado pela manutenção de um ritmo, de uma proporção, como indicam os lemas IV, V e VI da Segunda Parte da *Ethica*?[335] Essa relação, que é constitutiva da forma de um corpo, pode ser modificada pela doença e destruída

---

[333] *TP* X, §1.

[334] EIIPost.4: "O corpo humano precisa, para conservar-se, de muitíssimos outros corpos, pelos quais continuamente como que se regenera." ["Corpus humanum indiget, ut conservetur, plurimis aliis corporibus, à quibus continuò quasi regeneratur."]

[335] EII (*G* II : 100 - 101).

pela morte, pensada por Spinoza através do modelo do envenenamento, como bem mostrou Deleuze.[336] Isso acontece quando a intervenção de um ou mais corpos modifica a relação de movimento e de repouso entre as partes que compõem o corpo humano.

Assim como a prática médica combate as alterações da relação que constitui o corpo humano, a prática política combate as alterações da relação que constitui o corpo social. É bastante significativo que, através da metáfora do corpo humano, Spinoza ponha-se em condição de ler o conceito maquiaveliano de "princípio" em termos de relação e não de fundação originária. Com efeito, Spinoza não atribui à origem do Estado assim como à origem do corpo um valor axiológico, ou seja, um Sentido, um Fim, mas um valor simplesmente ontológico, isto é, em termos de causa, ou, mais precisamente, ele pensa a origem como o estabilizar-se de uma relação determinada de movimento e repouso entre as partes que o constituem.[337]

Agora, tomemos em consideração o texto de Maquiavel que Spinoza resumiu no primeiro parágrafo do capítulo X:

> É coisa muito verdadeira, como todas as coisas do mundo têm o término de vida sua; mas estas vão todo o curso que é seu ordenado pelo céu, geralmente, que [elas] não desordenam o seu corpo, mas o mantêm de modo ordenado, ou que não altera, ou, se ele altera, é a salutar, e não a dano seu. E porque eu falo de corpos mistos, como são as repúblicas e as seitas, digo que aquelas alterações são a salutar, que as reduzem ao princípio delas. E, todavia, aquelas são mais bem ordenadas, e têm mais

---

[336] DELEUZE, Gilles. "Les Lettres du mal" In: *Spinoza. Philosophie pratique*. Paris: Les Éditions de Minuit, 1981, p. 47.

[337] "De nenhum modo o 'retorno aos princípios' maquiaveliano repete o *topos* platônico da 'pacificação originária' como ausência de paixões. Ao contrário, para Maquiavel, a origem é o lugar em que com mais intensidade as paixões vivem e se confrontam [*scontrano*]" (ESPOSITO, Roberto. "Ordine e conflito in Machiavelli e Hobbes". In: *Ordine e conflito. Machiavelli e la letteratura politica del Rinascimento italiano*. Napoli: Liguori, 1984, pp. 200-201.)

CAPÍTULO IV - ENTRE LUCRÉCIO E SPINOZA: A "FILOSOFIA" DE MAQUIAVEL

> longa vida, que mediante as ordens suas podem-se frequentemente renovar; ou antes que, por algum acidente fora da dita ordem, vêm à dita renovação. E é coisa mais clara que a luz, que, não se renovando, esses corpos não duram.
>
> O modo de renová-los, é, como é dito, reduzi-los aos seus princípios. Porque a todos os princípios das seitas, das repúblicas e dos reinos convém que tenham em si alguma bondade, mediante a qual retomam a primeira reputação e o primeiro aumento seu. E porque no processo do tempo aquela bondade corrompe-se, se não intervém algo que a reduza a como antes, mata de necessidade aquele corpo. E esses doutores de medicina dizem, falando dos corpos dos homens, "*quod quotidie aggregatur aliquid, quod quandoque indiget curatione* [*porque quotidianamente agrega-se algo, por vezes precisa de cura*]. Essa redução ao princípio, falando das repúblicas, faz-se ou por acidente extrínseco ou por prudência intrínseca. (...) E quanto a esses, convém que nasça ou de uma lei, a qual frequentemente reveja a narrativa aos homens que estão naquele corpo; ou verdadeiramente de um homem bom que nasça entre eles, o qual com os seus exemplos e com as suas obras virtuosas faça o mesmo efeito que a ordem.[338]

Esse texto, assim acuradamente resumido por Spinoza, não é uma passagem qualquer dos *Discursos*: trata-se de um texto fundamental no qual são expostos os conceitos chave da ontologia política de Maquiavel. O argumento central do passo, no qual são delineadas as modalidades diferentes através da quais uma república retorna ao seu princípio, é sintetizado por Spinoza com uma mímesis até mesmo do estilo do florentino: "vel casu contingere potest, vel consilio et prudentia legum aut viri eximia virtutis".[339] Um Estado pode retornar aos seus princípios ou graças a uma conquista estrangeira, como acontece pela tomada de Roma por parte dos gauleses em 390 A.C., ou pela prudência das leis,

---

[338] MACHIAVELLI, Nicolau. "Discorsi sopra la prima Deca di Tito Livio", III, 1. In: *Tutte le Opere*. Firenze: Sansoni, 1971, p. 195.

[339] N.T.: "ou pode acontecer ao acaso, ou pelo consílio e prudência das leis ou da exímia virtude de um homem".

isto é, graças a uma legislação que prevê ciclicamente a reinstituição das relações de força que tinham dado nascimento ao Estado, ou pelo exemplo dado pela virtude de um só homem capaz de transmitir os próprios valores a todo o povo. Portanto, a disjunção fundamental é: *aut uirtus, aut fortuna*. A virtude de um ordenamento estatal ou de um cidadão singular, a fortuna do acaso que reporta o Estado à virtude graças a um evento que lhe é externo, ou em pessoa, como trama de eventos felizes que faz sobreviver um Estado mesmo que privado de virtude, ou ainda como "fatus aliquis inevitabilis" ["algum fado inevitável"], como destino adverso, trama desfavorável, que destrói um Estado ainda que pleno de virtude.

Como se pode ver claramente, não se dá uma lei de desenvolvimento, a teoria política não é enxertada sobre uma filosofia da história de que é o êxito é necessário[340], nem é a irrupção messiânica da eternidade num tempo privado de qualidade. É recusada a secularização dos dois grandes modelos de temporalidade cristã, aquele de Paulo, segundo o qual Deus virá "como um ladrão à noite",[341] e aquele de Gioacchino da Fiore, que triparte a linha do tempo nas épocas sucessivas da humanidade.[342] A teoria política é intervenção na conjuntura, intervenção num horizonte dominado por uma temporalidade plural cujo entrelaçar por vezes oferece à virtude "a milagrosa ocasião" e por vezes torna-a totalmente ineficaz. Essa temporalidade plural, condição de pensabilidade do conceito de ocasião a nível ontológico, encontra a nível político o seu nome próprio: *multitudo*.

---

[340] Sobre isso escreve com justeza Marilena Chaui: "A causalidade imanente de uma sociedade afirma sua singularidade, e não só permite afastar a imagem da história providencial do *progressus*, como também a imagem contrária, a da história como *declinatio*, incessante movimento de queda e de corrupção da boa forma originária." (CHAUI, Marilena. *A nervura do real. Imanência e liberdade em Spinoza*. São Paulo: Companhia das Letras, 1999, p. 83).

[341] *Ad Thessalonicenses* I, 5, 2: "*quia dies Domini sicut fur in nocte ita veniat*".

[342] Sobre a relação entre Gioacchino da Fiore e a filosofia da história moderna de Vico a Lessing, de Hegel a Marx Cf.: LÖWITH, Karl. *Meaning in History*. Chicago: The University of Chicago Press, 1949.

REFERÊNCIAS BIBLIOGRÁFICAS

ALTHUSSER, Louis. "Est-il simple d'être marxiste en philosophie?". *In*: *La Pensée*, Revue du rationalisme moderne - arts - sciences – philosophie, Paris: Éditions Sociales, n. 183, 1975.

ALTHUSSER, Louis. et alii. *Lire le Capital*. Paris: P.U.F., 1996.

ALTHUSSER, Louis. "Le courant souterrain du matérialisme de la rencontre". *Écrits philosophiques et politiques*, Paris: Stock/Imec, tomo 1, 1995, p. 569.

ALTHUSSER, Louis. "L'unique tradition matérialiste". *Lignes*, n. 8, Paris, 1993.

AQUINO, Tomás de. *Pars prima Summae Theologiae a quaestione I ad quaestionem XLIX*. Opera omnia iussu impensaque Leonis XIII P.M. edita, vol. IV. Roma: Typographia Polyglotta, 1888.

AUGUSTINE. *Confessions*. Cambridge/London: Harvard University Press. 1912.

ARISTÓTELES. *Física I-II*. Trad. Lucas Angioni. Campinas: Editora da Unicamp. 2010.

ARISTÓTELES. *Categorias*. São Paulo: Editora Unesp. 2019.

ARISTÓTELES. "Metafísica V". Trad. Lucas Angioni. *Dissertatio*, Pelotas, vol. 46, 2017.

ARISTOTELIS STAGIRITAE. *Opera quae in hunc husque diem extant omnia, Latinitate partim antea, partim nunc primum a uiris doctissimis donata, & Graecum ad exemplar diligenter recognita. Omnes in tres tomos. Item supra censuram*, Io Lodovici Vivis, Basileae, ex officina Ioan. Oporini, 1548.

AVICENNA. *Liber de philosophie prima sive scientia divina I-IV*. Édition critique de la traduction latine médiévale par S. Van Riet. Louvain/Leiden: E. Peeters/E. J. Brill. 1977.

BARBARAS, Françoise. "Spinoza et Démocrite". *In:* CHIEREGHIN, F. (Coord.). *Studia Spinozana*, vol. 12, 1996.

BALIBAR, Étienne. *La philosophie de Marx*. Paris: Éditions La Découverte. 2001.

BALIBAR, Étienne. "Individualité et transindividualité chez Spinoza". *In: Spinoza politique. Le transindividuel*. Paris: PUF. 2018.

BERTI, E. "Les méthodes d'argumentation et de démonstration dans la Physique (aporie, phénomènes, principes)". *In:* GANDT, F.; SOUFFRIN, P. (Coord.). *La Physique d'Aristote*. Paris: VRIN, 1991.

BEYSSADE, Jean-Marie. *La philosophie première de Descartes: le temps et la cohérence de la métaphysique*. Paris: Flammarion. 1979.

BIARD, Joël . et alii. *Introduction à la lecture de la "Science de la Logique" de Hegel. Tome II*. Paris: Éditions Aubier. 1992.

BLOCH, Ernst. *Das Prinzip Hoffnung*. Frankfurt a.M.: Suhrkamp. 1969.

BOVE, Laurent. "Épicurisme et spinozisme: l'éthique". *Archives de Philosophie*, vol. 57, n. 3, 1994.

CHAUI, Marilena. *A nervura do real. Imanência e liberdade em Spinoza*. São Paulo: Companhia das Letras, 1999.

DELEUZE, Gilles. *Spinoza. Philosophie pratique*. Paris: Les Éditions de Minuit, 1981.

DEL LUCCHESE, Filippo. "'Disputare' e 'combattere'. Modi del conflitto nel pensiero di Niccolò Machiavelli". *In: Filosofia politica*, (1) XV, 2001.

DEL LUCCHESE, Filippo. *Tumulti e indignatio. Conflitto, diritto e moltitudine in Machiavelli e Spinoza*. Milano: Ghibli, 2004.

REFERÊNCIAS BIBLIOGRÁFICAS

DERRIDA, Jacques. *Marges de la philosophie*. Paris: Éditions de Minuit, 1972.

DESCARTES, René. "Les Passions de l'Âme". T. I, 1. *In:* AT, vol. IX.

DESCARTES, René. "Lettre de Descartes à Elisabeth". *In:* AT, vol. IV. (Trad. pt.: "Carta de Descartes a Elisabeth" *In: Modernos & Contemporâneos*, vol. 1, n. 2, 2017).

DESCARTES, R. *Principia Philosophiae*. *In*: AT, vol. VIII.

DIELS, Hermann. *Die Fragmente der Vorsokratiker: griechisch und deutsch*. Ed. Walther Kranz. 3 vol. Berlin: Weidmann, 2004-2005.

DIOGENES LAERTIUS. *Vitae Philosophorum*, vol. 1. Edidit M. Marcovich. Stuttgart/Leipzig: Teubner, 1999.

DI VONA, Piero. *Studi sull'ontologia di Spinoza*. Firenze: La Nuova Italia, 1960.

ESPOSITO, Roberto. "Ordine e conflito in Machiavelli e Hobbes". *In: Ordine e conflito. Machiavelli e la letteratura politica del Rinascimento italiano*. Napoli: Liguori, 1984.

FEUERBACH, Ludwig. *Geschichte der neuern Philosophie von Verulam bis B. Spinoza*, em *Sämtliche Werke*, Band VIII, hrsg. von W. Bolin und F. Jodl. Stuttgart: Frommans Verlag, 1903.

GERBIER, Laurent. *Histoire, médecine et politique. Les figures du temps dans le "Prince" et les "Discours" de Machiavel*, thèse de doctorat sous la direction de B. Pinchard, 1999.

GIANCOTTI, Emilia. *Lexicon Spinozanum*, vol. 1, La Haye: Martinus Nijhoff, 1970.

GLARE, P. G. W. (Coord.). *Oxford Latin Dictionary*. Oxford: Clarendon Press, 1982.

GLOKNER, H. "Lexicon". *In: Sämtliche Werke*, Bd. XXIV. Stuttgart: F. Frommann Verlag, 1937.

GOETHE, Johannes Wolfgang von. *Gedankenausgabe der Werke, Briefe Gespräche*, Band XVIII, herausgegeben von E. Beutler. Zürich: Artemis Verlag, 1949.

GORDON, Cosmo Alexander. *A bibliography of Lucretius*. London: Rupert Hardt-Davis, 1962.

GUERET, Michel.; ROBINET, A.; TOMBEUR, Paul. *Spinoza, Ethica. Concordances, Index, Listes de fréquences, Tables comparatives*. Louvain-la--Neuve: CETEDOC, 1977.

GUEROULT, Martial. *Spinoza, II: L'âme*. Paris: Aubier, 1997.

HEGEL, Georg Wilhelm Friedrich. *Wissenschaft der Logik. Erster Band: Die objective Logik. Zweites Buch: Die Lehre vom Wesen*. Hamburg: Felix Meiner Verlag, 2015, p. 394. (Trad. Pt.: HEGEL, Georg Wilhelm Friedrich. *Ciência da Lógica. 2. A doutrina da essência*. Bragança Paulista / Petrópolis: Editora Universitária São Francisco / Editora Vozes, 2017).

HEGEL, Georg Wilhelm Friedrich. "Kritik der Verfassung Deutschlands" *In: Schriften und Entwürfe (1799-1808)*, GW, Bd. 5. Hamburg: Felix Meiner Verlad, 1998.

HEGEL, Georg Wilhelm Friedrich. *Wissenschaft der Logik. Erster Band: Die objective Logik. Zweites Buch: Die Lehre vom Wesen*. Hamburg: Felix Meiner Verlag, 2015.

HEGEL, Georg Wilhelm Friedrich. "Philosophie der Weltgeschichte". *In: Sämtliche Werke*, IX, II Hälfte. Leipzig: Felix Meiner Verlag, 1981.

HEGEL, Georg Wilhelm Friedrich. *Werke in zwanzig Bänden*, Bd. XX. Frankfurt a. M.: Suhrkamp, 1979.

HEIDEGGER, Martin. *Sein und Zeit*. Tübingen: Max Niemeyer/Walter de Gruyter, 2006. (Trad. pt.: HEIDEGGER, Martin. *Ser e Tempo*. Trad. Fausto Castilho. Campinas: Editora da Unicamp/Editora Vozes, 2012).

HENNINGER, M. G. *Relations. Medieval Theories 1250-1325*. Oxford: Clarendon Press, 1989.

HOBBES, Thomas. *Elementa Philosophica De Cive*. Amsterodami: apud Ludovicum Elzevirium, 1647.

HOBBES, Thomas. *Leviathan*. Indianapolis/Cambridge: Hackett Publishing Company Inc., 1994.

ILLUMINATI, A. *Del comune. Cronache del general intellect*. Roma: Manifestolibri, 2003.

INWOOD, Michael. *A Hegel Dictionary*. Oxford: Blackwell, 1992.

REFERÊNCIAS BIBLIOGRÁFICAS

JANKÉLÉVITCH, Vladimir. *Le Je-ne-sais-quoi et le Presque-rien, I. La manière et l'occasion*. Paris: Éditions du Seuil, 1980.

JOACHIM, Harold Henry. *Spinoza's "Tractatus de intellectus emendatione"*. Oxford: Clarendon Press, 1940.

KNEBEL, S. K. "Intrinsic and extrinsic denomination: what makes Leibniz's departure from schoolmen so bewildering?". *In*: *Nihil sine ratione*. VII Internationaler Leibniz-Kongress, Bd. II, 2001, pp. 615-619.

KANT, Immanuel. *Crítica da Razão Pura*. Bragança Paulista/Petrópolis: Editora Universitária São Francisco/Editora Vozes, 2012.

KOJÈVE, Alexandre. *Introduction à la lecture de Hegel*. Paris: Gallimard, 1947.

LEIBNIZ, Gottfried Wilhelm. *Nouveaux Essais In:* GERHARDT, C. I. (GP) (Coord.) G.W. Leibniz. *Die Philosophischen Schriften*. Bd. V. Hildesheim: Georg Olms Verlag, 1978.

LEIBNIZ, Gottfried Wilhelm. "Leibniz' drittes Schreiben [a Clarke]". *In*: GERHARDT, C. I. (GP) (Coord.) G.W. Leibniz. *Die Philosophischen Schriften*. Bd. VII. Hildesheim: Georg Olms Verlag, 1978.

LOCKE, John. *An Essay Concerning Human Understanding*. P. H. Nidditch (Coord.). Oxford: Clarendon Press, 1975, p. 182.

LOCKE, John. *An Essay Concerning Human Understanding*. *In:* four books. London: Awnsham & Churchill, 1700.

LÖWITH, Karl. *Meaning in History*. Chicago: The University of Chicago Press, 1949.

MACHIAVELLI, Nicolau. *Tutte le opere*. Firenze, Sansoni, 1993.

MATHERON, Alexandre. "Spinoza and Euclidean aritmetic. The example of the fourth proportional". *In*: GREENE, M.; NAILS, D. (Coord.), *Spinoza and the Sciences*. Dordrecht-Boston-Lancaster-Tokio: Reidel Publishing Company, 1986.

MATHERON, Alexandre. "Les modes de connaissance du "Traité de la Réforme de l'Entendement" et les genres de connaissance de l'"Éthique"" *In*: BOUVERESSE R. (Coord.) *Spinoza. Science et religion*. Paris: Vrin, 1988.

MACHEREY, Pierre. *Introduction à l'"Éthique" de Spinoza. La seconde partie: la réalité mentale*. Paris, P.U.F., 1997.

MARION, Jean-Luc. *Sur le prisme métaphysique de Descartes*. Paris: PUF, 1986.

MARX, Karl. "Ad Feuerbach". *In*: MEGA, Band 3. Berlin: Dietz Verlag, 1998.

MONOD, Jacques. *Le hasard et la nécessité. Essai sur la philosophie naturelle de la biologie*. Paris: Éditions du Seuil, 1970.

MOREAU, Pierre-François. "Épicure et Spinoza: la physique". *In: Archives de Philosophie*, vol. 57, 3, 1994.

MOREAU, Pierre-François. "Métaphysique de la substance et métaphysique des formes". *In: Methode et métaphysique*. Paris: PUF, 1989.

MOREAU, Joseph. *L'espace et le temps selon Aristote*. Padova: Editrice Antenore, 1994.

MORFINO, Vittorio. *Incursioni Spinoziste*. Milano: Mimesis, 2002.

MORFINO, Vittorio.; PINZOLO, L. *"Introduzione" à Althusser, L: Sul materialismo aleatorio*. Milano: Unicopli, 2000.

MORFINO, Vittorio. "Il materialismo della pioggia di Louis Althusser. Un lessico" *In: Quaderni materialisti*, vol. 1, 2002, pp. 95-122.

MORFINO, Vittorio. *Il tempo e l'occasione. L'incontro Spinoza-Machiavelli*. Milano: LED, 2002.

MUGNAI, Massimo. *Astrazione e realtà*. Milano: Feltrinelli, 1976.

NANCY, Jean-Luc. *Être singulier pluriel*. Paris: Galilée, 1996.

NEWTON, Isaac. *Philosophiae naturalis Principia mathematica*. Bruxelles: Culture et Civilisation, 1965.

PACI, Enzo. *Dall'esistenzialismo al relazionismo*. Messina-Firenze: D'Anna, 1959.

PIRO, F. "Hobbes, Pallavicino and Leibniz's first Principle of Sufficient Reason". *In*: POSER, H. (Coord.) *Nihil sine ratione*, Bd. III.

PLATÃO. *Timeo*. Testo greco a fronte. Milano: BUR, 2015.

PROIETTI, Omero. "Adulescens luxu perditus. Classici latini nell'opera di Spinoza". *In: Rivista di filosofia*, vol. 2, 1989.

ROBINSON, Lewis. *Kommentar zu Spinozas "Ethik"*, Erster Band (Einleitung, Kommentar zum ersten und zum zweiten Teil der *Ethik*). Leipzig: Meiner, 1928.

REFERÊNCIAS BIBLIOGRÁFICAS

TITUS, Lucretius Carus. *De Rerum Natura*. DEUFERT, Marcus (*Coord.*) Bibliotheca Teubneriana. Berlin/Boston: Walter de Gruyter GmbH, 2019.

SALEM, Jean. *L'atomisme antique. Démocrite, Épicure, Lucrèce*. Paris: Le Livre de Poche, 1997.

SEDLEY, David. *Lucretius and the transformation of the Greek wisdom*. Cambridge: Cambridge University Press, 1998.

SERRES, Michel. *La naissance de la physique dans le texte de Lucrèce*. Paris: Les Éditions de Minuit, 1977. (Trad. pt.: Serres, M. *O nascimento da física no texto de Lucrécio*. São Paulo: EdUnesp/EdUFSCar, 1997).

SEXTUS EMPIRICUS. *Adversus Mathematicus*, Liber X. Loeb Classical Library. Cambridge: Harvard University Press, 1936.

SIMONDON, Gilbert. *L'individuation psychique et collective*. Paris: Aubier, 1989.

SPINOZA, Baruch.; GEBHARDT, Carl. *Opera*. vol. 4. Heidelberg: Carl Winters, 1972.

SPINOZA, Baruch. *Opera Posthuma*. Riproduzione fotografica integrale. A cura di Pina Totaro & Prefazione di Filippo Mignini. Macerata: Quodlibet, 2008.

SPINOZA, Baruch. *Breve Tratado de Deus, do homem e do seu bem-estar*. Belo Horizonte: Autêntica Editora, 2014.

VIRNO, Paolo. *Grammatica della moltitudine. Per un'analisi delle forme di vita contemporanee*. Roma: Derive Approdi, 2002.

WEBER, Robert.; GRYSON, Roger.; FISCHER, B. *Biblia sacra: iuxta Vulgatam versionem*. Editionem quintam emendatam retractatam praeparavit Roger Gryson. Stuttgart: Deutsche Bibelgesellschaft, 2007.

WIELAND, Wolfgang. *Die aristotelische Physik. Untersuchungen über die Grundlegung der Naturwissenschaft und die sprachlichen Bedingungen der Prinzipienforschung bei Aristoteles*. Vandenhoeck & Ruprecht: Göttingen, 1962.

NOTAS

NOTAS

NOTAS

NOTAS

NOTAS

NOTAS

A Editora Contracorrente se preocupa com todos os detalhes de suas obras! Aos curiosos, informamos que este livro foi impresso no mês de julho de 2021, em papel Pólen Soft 80g, pela Gráfica Copiart.